ール、スカーフ

巻き方アイデアBOOK

- 監修 -
スタイリスト
若狭惠美

成美堂出版

はじめに

最後の仕上げのマフラー、ストール、スカーフが いつものコーディネイトをぐっと洗練させてくれます

街を歩いていて、「おしゃれだな」「素敵ね」と感じる人は、小物使いがとても上手。

服装はベーシックなのに、ボリュームたっぷりのマフラーを首に巻いていたり、色の

きれいなストールをはおっていたり、グラフィカルなスカーフを首元からちらっとの

ぞかせていたり、はっと目を惹く魅力に溢れています。

私自身、年齢を重ねるごとに服装はどんどんそぎ落とされ、シンプルになってきました。

シルエットのきれいなシャツにロングスカート、細ゲージのニットにデニムパンツ――

そんないつものスタイルに、カシミヤのマフラーをさっとひと巻きしたり、リネンのス

トールをざっくりと巻いたり、色のきれいなスカーフをきゅっと結んだり……。

そのひと巻き、ひと結びでコーディネイトにこなれ感が生まれ、ぐっと洗練されます。

ピアスやブレスレットをつけたり、リップを塗ったりするのと同じように、最後の仕上げとしてマフラーやストール、スカーフを位置づけているような気がしています。

洋服はシンプルでベーシックだけど、マフラー、ストール、スカーフで少しだけ冒険してみる。そんな楽しみ方ができるのも、マフラー、ストール、スカーフの醍醐味です。

ファッションをもっと自由に、もっと大胆に楽しむための手軽なアイテムとして、どんどんチャレンジしていただけるとうれしいです。

スタイリスト
若狭惠美

003

CONTENTS

この本の見方

本書のモデル撮影で使用しているマフラー、
ストール、スカーフを掲載しています

トルソーにて巻き方、結び方の
プロセスを紹介しています

巻き方、結び方の名称。
本書オリジナルの名称です

本書では、モデル写真に合わせてマフラー、ストール、スカーフの右・左を指示していますが、
逆の向きで巻いて（結んで）も間違いではありませんので、お好みの向きで巻いて（結んで）く
ださい。また、使用しているマフラー、ストール、スカーフの大きさに合わせて半分に折ったり三
つ折りにしたりしていますが、お使いのもののサイズに合わせて自由にアレンジしてください。

Part 1

マフラーの巻き方

冬に欠かせないアイテムといえばマフラーです。
防寒具としてはもちろん、ふだんのコーディネイトにプラスするだけで、ぐっと華やかに。
巻き方ひとつでさまざまな表情をもたらしてくれるので、ぜひ挑戦して。

冬の装いに暖かさと華やぎを加えてくれる防寒アイテム

寒い冬に首元を暖かく包んでくれる防寒具、マフラー。

羊毛から作られるウールのほか、カシミヤやアンゴラ、アクリルなど保温性と保湿性に富んだ素材が使われ、細長い形状をしているので、首に巻きつけるのに適しています。

ブルーやイエロー、レッドなどの美しいカラーマフラーは、モノトーンのコーディネイトにぱっと華やぎを与えてくれ、タータンチェックやアーガイルチェックなどの伝統的なチェック柄マフラーは、いつもの着こなしにトラディショナルな雰囲気をプラスしてくれます。

ライトブルーマフラー（スタイリスト私物）

素材は?

一般的に用いられるのは、保温性に優れ、シワになりにくく扱いやすいウールです。高級天然素材のカシミヤやアンゴラは保温性・保湿性が高く、肌触りもよいので人気が高いですが、稀少素材のため高価で、毛玉ができやすいという面もあります。そのほか、化学繊維のアクリルやポリエステルも多く用いられており、ウールに近い素材感をカジュアルに楽しめます。

歴史は?

ヨーロッパでは15世紀頃にマフラーと呼ばれる小物があったといわれていますが、現在の首に巻く形状になったのは18世紀後半〜19世紀頃とされています。日本では1800年代後半にイギリスなどから輸入されたタオルが襟巻きとして用いられ、1880年(明治13年)頃には大阪のメリヤス業者 井上伊八の妻・コマがタオル襟巻きを製造したという記録が残っています。

季節は?

防寒具として用いられるマフラーは、日本ではおもに秋冬などの寒い季節に使います。そのため、素材はウールやカシミヤなどの保温性・保湿性が高い厚手のものが使われ、首に巻けるよう長い長方形の形状をしています。四季があり、1年を通じて気温の変化がある日本では、マフラーは寒いシーズンの防寒具として、ファッション小物として、欠かせないアイテムとなっています。

サイズ・形は?

幅は20〜30cm 、または40〜60cmのものを半分に折って使うのが一般的。長さは男女で異なり、女性用は150cmほど、男性用は170cmほどのものが多いようです。アメリカでは第二次世界大戦後、輸出関税法の課税対象区分により、23インチ以上、1平方ヤードあたり1オンス以上のものをマフラーと呼び、それ未満のものをスカーフと区別していました。

マフラーの種類

暖かい素材を用い、細長い長方形であるという
2つの大きな特徴を持つマフラー。
それぞれの素材ならではの風合いを楽しんだり、
冬空に映える鮮やかな色や柄を楽しんだり、
寒い季節を豊かにすごせるアイテムを紹介します。

長方形マフラー

幅20〜30cm、長さ150〜170cmが
定番の長方形マフラー

幅20〜30cm（または幅40〜60cmのもの
を半分に折って使用）、長さ150〜170cm
が一般的な長方形マフラーのサイズ。1
周ぐるっと巻きつけると両端の長さがちょ
うどよく、さまざまな巻き方を楽しめます。
チェックマフラー 22,000円（マッキントッシュ／マッ
キントッシュ ギンザシックス店）

大判マフラー

コートやショール代わりにもなる
大判サイズは便利な一枚

幅も長さもたっぷりサイズの大判マフ
ラーは、巻いて使うのはもちろんのこと、
肩からはおったり、ショール風に巻きつけ
たりとコート代わりにもなります。
オレンジリバーシブルマフラー 59,400円（アソー
ス メレ／アイネックス）

素材

ウールマフラー

**保温性・保湿性が高いベーシックな
ウール素材のマフラー**

羊毛から作られるウールは、保温性が
高く、弾力と伸縮性があり、シワになり
にくいという特徴が。価格も比較的安
価なため、マフラーとしてもっとも一般
的ですが、毛玉ができやすいのでてい
ねいにお手入れを。
ウールマフラー（スタイリスト私物）

素材

カシミヤマフラー

**極上の肌触りを誇る高級天然素材は
1枚は持っておきたい**

保温性・吸湿性に優れたカシミヤは、カシ
ミヤヤギ1頭からわずか150〜200gしか
取れないため、"繊維の宝石"と称される高
級毛です。やわらかくしなやかな肌触りです
が、毛玉ができやすいので、日々のケアを。
カシミヤベージュマフラー　41,800円（ビセア／エス
ケーパーズオンライン）

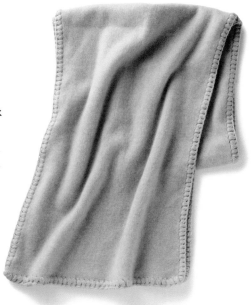

柄

チェック柄マフラー

**トラッドな雰囲気が作れる
マフラーの定番柄**

スコットランドの民族衣装発祥の
タータンチェック、ひし形と細ライ
ンのアーガイルチェック、細かい格
子柄のグレンチェックなど、さまざま
なチェック柄があるので、お好みの
ものを探してみましょう。
チェックマフラー 42,900円（マッキントッ
シュ ロンドン／SANYO SHOKAI カスタ
マーサポート）

柄

バイカラーマフラー

**単色使いも、両面使いも
どちらも楽しい2色マフラー**

表面と裏面で色の異なるバイカラー
マフラー。単色使いはもちろんのこ
と、両面が見える巻き方にすることに
よって、また違った表情が楽しめます。
バイカラーマフラー 57,200円（アソース メレ
／アイネックス）

その他

ニットマフラー

**やわらかくしなやかな
弾力性のあるニット編みマフラー**

1本の糸でループを作りながら編まれたニット素材を用いたニットマフラーは、保温性が高く、弾力に富んだ抜群のしなやかさが最大の特徴です。糸の太さや編み方でさまざまな印象になるのが楽しい。

ブルーニットマフラー 39,600円（ジョンストンズ／渡辺産業プレスルーム）

その他

フリンジマフラー

**着こなしに動きとアクセントを
もたらしてくれる**

マフラーの両端にフリンジが施されていることで、揺れたときにニュアンスを生み、着こなしにアクセントをつけてくれます。太く長いビッグフリンジつきマフラーの人気が高いので、要チェック！

白フリンジマフラー（スタイリスト私物）

その他

ティペット

**留め具でワンタッチ装着でき
スイートな印象を作れる**

ティペットとは防寒具の一種で、つけ襟タイプやケープタイプなどさまざまな形状があります。ボタンやリボン、マグネットなどで留められるものが多く、手軽に巻けるのが高ポイント。

ファーティペット 25,300円（マッキントッシュ ロンドン／SANYO SHOKAI カスタマーサポート）

基本の巻き方

最初に覚えたいマフラーの
ベーシックな巻き方をご紹介。
どれもシンプルで簡単ながら、
コーディネイトのアクセントに
なってくれます。

Iラインが強調される
シンプル巻き

1周巻き

首のまわりにぐるりと1周
巻くだけのシンプルな簡
単巻き。Iラインが強調さ
れるので、細見え効果も
高い巻き方です。両端の
長さは揃えて。

マフラー 18,700円（アソー
ス メレ／アイネックス）チュ
ニック 26,400円（ティッカ）
パンツ 64,900円（ピーティ
トリノウーマン／トレメッツォ）
タートルニット、ピアス（と
もにスタイリスト私物）

使ったのはこのマフラー ▶

item	イエローマフラー
size	**190×30cm**
material	**ウール86％、ポリエステル14％**

存在感抜群のビビッドイエロー

ビビッドなイエローが目を惹くロングマフラー。フレンチメリノウールを使用しているため、軽くて防寒性も高いのがうれしい。もこもことした独特な素材が存在感を発揮します。

巻き方

マフラーを縦半分に折り、前から首に巻く。

首のうしろで交差し、両端を前にたらす。

マフラー（スタイリスト私物）　ニット 57,200円（カシミカ）　パンツ 64,900円（ピーティトリノウーマン／トレメッツォ）　バッグ 440,000円（ロウナー ロンドン／エイチ アイ ティー）　カチューシャ 19,800円（アレクサンドル ドゥ パリ／アレクサンドル ドゥ パリ GINZA SIX店）

スクールガールの
定番巻きを大人っぽく

ワンループ

マフラーを横半分に折り、輪っか部分に端を通すだけと簡単です。学生の定番巻きなので、大人はブラックコーデですっきりと締めて。

使ったのはこのマフラー　▶

item	ブルーチェックフリンジマフラー
size	**162×34cm**
material	**カシミヤ**

大人ブルーのチェック柄マフラー

スクールガール風の巻き方なので、上質素材&シックな色味をチョイスしましょう。フィット感のある黒トップス&センタープレスの黒ワイドパンツのオールブラックコーデで大人っぽく。

巻き方

マフラーを縦半分に折ってから横半分に折り、首にかける。

輪っかに両端を通す。

大人のマニッシュ
スタイルにぴったり

シンプルノット

結び目＝ノットを作り、そ
こにマフラーを通すだけ
の巻き方。タイトな縦シ
ルエットが作れるので、首
元がもたつかず、すっきり
まとまります。

マフラー 31,900円　ニット
52,800円（ともにジョンストン
ズ／BRITISH MADE 銀座
店）　パンツ 51,700円（ピー
ティトリノウーマン／トレメッツォ）
ピアス（スタイリスト私物）

使ったのはこのマフラー ▶

item	グリーン×ネイビーフリンジマフラー
size	**180×25cm**
material	**カシミヤ100%**

ダークトーンのタータンチェック柄

定番のタータンチェック柄マフラーですが、ブルー、グリーン、ブラックの落ち着いた寒色系のトーンで、カシミヤ100%の上質素材なので、大人でも難なく取り入れられます。

巻き方

1

2

3

マフラーを縦に三つ折りにする。首からかけ、左側に結び目を作る。

結び目に右側の端を通す。

結び目の高さと形を整える。

ひと手間プラスで
おしゃれ度アップ

ミラノ巻き

1周巻きにしたマフラー
を胸元でくぐらせること
でやわらかなカーブが生
まれ、シンプルなファッ
ションにインパクトを与え
てくれます。

マフラー 42,900円（マッキントッ
シュ ロンドン／SANYO SHOKAI
カスタマーサポート） トレンチコー
ト 69,300円（トラディショナル
ウェザーウェア／トラディショナル
ウェザーウェア ルミネ有楽町店）
デニムパンツ 16,500円（ニードバ
イヘリテージ／ゲストリスト） シュー
ズ（スタイリスト私物）

使ったのはこのマフラー ▶

item	グレーチェックフリンジマフラー
size	**190×56cm**
material	**ウール**

グレー＆イエローライン×ブラック

グレーに細いイエローのラインが効い
たマニッシュなマフラー。裏面はブラッ
ク1色なので、ミラノ巻きにすることで
生地の重なり部分に陰影とニュアン
スが生まれます。

巻き方

1

マフラーを縦半分に折り、首か
らかける。このとき、両端の長さ
は揃えず、段差をつけておく。

2

首の前で交差して両端をうしろ
にまわし、うしろでも1回交差し
て、両端を前にたらす。

3

右にたれたマフラーを内側から
引っ張り出す。このとき、引き抜
いてしまわないこと。

4

左の端を引っ張り出した右の
穴に通す。

5

左の端を下に引いて、バランス
を整える。

使ったのはこのマフラー ▶	
item	グリーン×イエローチェックフリンジマフラー
size	**230×37cm**
material	**カシミヤ**

王道スタイルのタータンチェック柄

ブルートーンにイエローのラインが効いた
タータンチェックマフラー。カーキのオー
バーサイズシャツ&デニムパンツというメ
ンズライクなコーディネイトに華やかさを
プラスしてくれます。

巻き方

マフラーを縦に三つ折りにす
る。前から首にかけ、うしろで交
差させ、両端を前にたらす。

たらしたマフラーを胸の前で右
を上、左を下にして交差させ、上
にある右のマフラーを下から上
にくぐらせてひと結びにする。

両端は揃えず、ラフに仕上げて
完成。

柄と縦ラインを
生かしたコーデに

フロントノット

1周巻きした両端をひ
と結びするフロントノッ
トは、シンプルながら防
寒性が高い。素材や色
でイメージが変わるの
でさまざまなマフラー
を試してみて。

マフラー 29,700円(トラディショナル
ウェザーウェア／トラディショナル ウェ
ザーウェア ルミネ有楽町店) シャツ
26,400円(マイカ アンド ディール／マ
イカ アンド ディール 恵比寿店) デ
ニムパンツ 16,500円(ニードバイヘリ
テージ／ゲストリスト) シューズ、ピアス
(ともにスタイリスト私物)

item	赤×青×白チェックマフラー
size	**180×25cm**
material	**ウール**

赤×青のキュートなチェックマフラー

プレーンなスクールコート風の装いをさらにかわいく仕上げるチェックマフラー。鮮やかな赤×青のチェック柄がポップなイメージを盛り上げてくれます。

巻き方

1
マフラーを縦に三つ折りにする。中央に結び目を作り、結び目を首の前に当てて、両端をうしろにまわす。

2
うしろで交差させて、両端を前にたらす。

3
首の前の結び目に左の端を横から通す。

4
右側も同様に結び目に通し、形を整える。

マフラー（スタイリスト私物）
コート 85,800円（ティッカ）

丸いフォルムが
キュートさをプラス

クロス結び

コンパクトでコロンとした丸いフォルムがキュートなクロス結び。防寒性が高く、首元にポイントを出したいときにおすすめの巻き方です。

シンプルな定番巻きを
スタイリッシュに

ニューヨーク巻き

定番のニューヨーク巻きはオー
センティックな雰囲気が出せる
ので、どんなコーデにも合わせ
やすい。上質素材＆柄で大人の
洗練スタイルを目指して。

マフラー 59,400円　ジレ83,600
円（ともにマッキントッシュ ロンドン
／SANYO SHOKAI カスタマーサ
ポート）　シャツ 34,100円（バグッ
タ／トレメッツォ）　デニムパンツ
23,100円（レッドカード トーキョー
／ゲストリスト）　バッグ 27,500円
（ヴィオラドーロ／ピーチ）　パンプ
ス（スタイリスト私物）

使ったのはこのマフラー ▶

item	ベージュ柄マフラー
size	**196×28cm**
material	**カシミヤ**

上質素材のしなやか質感でシックに

英国モチーフの幾何学柄テキスタイル。上質なカシミヤ素材で、ベージュ＆グレーのやわらかなトーンなので品よくまとまります。ヒールを合わせた大人コーデにぴったり。

巻き方

1 マフラーを縦半分に折る。前から首に巻いて両端をうしろで交差させ、両端を前にたらす。

2 胸の前で両端を1回結ぶ。

3 形を整え、両端を揃えて完成。

マフラーの複雑な
動きが表情豊かに

ダブルクロス

まるでプレッツェルのよ
うにマフラーを交差する
ので、遊び心のある表情
が生まれます。ビビッドカ
ラー＆ボーダー柄なら、さ
らにインパクト大！

マフラー 24,200円
ニット 48,400円　パン
ツ 66,000円（すべてセ
ミクチュール／アノア）

使ったのはこのマフラー ▶

item	ボーダーニットマフラー
size	**223×27cm**
material	**ポリエステル35％、ウール30％、レーヨン30％、カシミヤ5％**

ニット素材&ビビッドカラー

イタリア製ならではのビビッドカラーがコーデの主役にぴったり。ニット素材なのでやわらかい風合いも出せます。あえて同カラーのニットを合わせることで上級者のおしゃれに。

巻き方

1
マフラーを横半分に折り、輪っかが右にくるように首からかける。

2
左側の2本のうちの上側を右側の輪っかの上から通す。

3
輪っかを8の字のようにねじる。

4
左側の残りの1本をねじった輪っかに上から通す。

5
形を整えて完成。

使ったのはこのマフラー ▶

item	ストライプマフラー
size	**179×20cm**
material	**ウール**

カレッジ風ストライプが懐かしい

イエロー×グリーン×ネイビーのストライプがカレッジ風で、コーディネイトをストイックにまとめてくれます。独特の風合いのウール素材なので、テクスチャーはやわらか。

巻き方

1

マフラーを前から巻き、うしろで交差させ、両端を前にたらす。このとき、左側の長さは右の倍くらいにしておく。

2

左側が上、右側が下になるように胸の前で交差させる。

3

上にあるマフラーを下から上にくぐらせる。

4

くぐらせたマフラーを前にたらし、形を整える。

カジュアルマフラーを
フォーマルに

アスコット巻き

イギリス貴族に愛された
アスコット競馬場に由来
するアスコット巻きは、
フォーマルな定番の巻き
方。カレッジ風の柄で上
品に仕上げましょう。

マフラー（スタイリスト私物）
シャツ 31,350円（BRITISH
MADE ／BRITISH MADE
銀座店） デニムパンツ
16,500円（ニードバイヘリ
テージ ／ゲストリスト）

使ったのはこのマフラー ▶

item	ブルーマフラー
size	**200×30cm**
material	**ヤクウール**

ヤクウールの上質シンプルマフラー

高い保湿性を持ちながら、軽く、やわらかな質感を持つヤクウールの上質マフラー。ネイビーの生地に白糸が霜ふりのように散り、独特のニュアンスを生んでくれます。

巻き方

1

マフラーを縦半分に折ってから横半分に折り、首にかける。このとき、左側の長さを右側の倍ほどにしておく。

2

右側の輪っかに左側の片方だけを通す。

3

輪っかを8の字のようにねじる。

4

左側に残ったもう片方をねじった穴に下から通す。

5

輪っかに通した両端を固結びにする。

6

形を整えて完成。

ワンループの
変形アレンジで華やか
ウェンディ巻き

ワンループからスタートし、
ひねったマフラーを通すこ
とで表情が華やかになり
ます。しっかり巻きつける
ので、暖かさもアップ。

マフラー 49,500円(ドゥニ コ
ロン／ノウン) ライダースジャ
ケット 79,200円(ティッカ) グ
レートップス 25,300円(マッキン
トッシュ／マッキントッシュ ギンザ
シックス店) スカート 22,000円
(ヒューマン ウーマン)

マフラー 44,000円（マッキントッシュ ロンドン／SANYO SHOKAI カスタマーサポート）　ニットベスト 19,800円（マイカ アンド ディール／マイカ アンド ディール 恵比寿店）　シャツ 34,100円（バグッタ／トレメッツォ）　スカート 22,000円（ヒューマン ウーマン）　ブレスレット（スタイリスト私物）

ガーリーな雰囲気が
かわいい

ハーフリボン巻き

首に近い位置で片方だけリボンを結ぶハーフリボン巻き。ガーリーさを出しつつ、甘くなりすぎません。フリンジに段差をつけることで動きが出ます。

item	イエローチェックフリンジマフラー
size	**190×50cm**
material	**カシミヤ**

アクセントカラーのマスタードイエロー

白シャツ、白スカート、白ニットという
オールホワイトコーデですが、やわらか
いアイボリーなので、こんな暖色系の
マスタードカラーのマフラーを選ぶと色
のトーンがマッチ。

巻き方

マフラーを前から巻き、うしろで
交差して両端を前にたらす。両
端はほぼ同じ長さにしておく。

右側のマフラーで輪っかを作る。

左側のマフラーを輪っかの前
に出す。

前に出した左側の端を下から
通して片リボン結びにする。

形を整えて完成。

item	ピンク×ブルーマフラー
size	**220×52cm**
material	**ウール75%、アルパカ25%**

主役になれるカラー&柄がポイント

首まわりにボリュームが出るポット巻きは、タイトなシルエットのトップスを選び、色使いがかわいいマフラーを主役に。メンズライクなボトムスでボリューム調節しましょう。

巻き方

1

マフラーを縦に三つ折りにし、首の前からかけてうしろにまわす。首のうしろで交差させ、両端を前にたらす。

2

首の前部分を下に引っ張ってゆるめる。

3

引っ張り出した部分を8の字のようにねじる。

4

8の字にした輪っかに左側のマフラーを上から下に通す。

5

同様に、右側のマフラーも輪っか部分に上から下に通す。

6

形を整えて完成。

トップにボリュームを
もたせて視線が集中!

ポット巻き

コンパクトにボリュームを
出したいときはポット巻
きがおすすめ。むずかし
そうに見えますが、輪っ
かにマフラーを通すだけ
なので意外と簡単です!

マフラー 58,300円(アル
テア／アマン) ニット
39,600円(セミクチュール／
アノア) パンツ 35,200円
(テラ／ティースクエア プレ
スルーム) イヤーカフ(スタ
イリスト私物)

首元をしっかりホールド
して暖かく

バック巻き

前からマフラーを巻き、
1周巻いてうしろで結ぶ
バック巻き。洋服のデザ
インを邪魔しないのがポ
イントです。防寒性が高
いので、寒がりな人に。

使ったのはこのマフラー ▶

item	モノトーンマフラー
size	**182×40cm**
material	**ウール**

平織りのグラフィカルなデザイン

黒・白・グレーの糸が平織りのように編み込まれ、グラフィカルな模様を描き出しているデザイン度の高いマフラー。形はシンプルながら、クリーンな白トップスにばっちり映えます。

巻き方

マフラーを縦に三つ折りにし、首からかける。両端の長さはやや段差をつけておく。

首の前でマフラーを交差し、両端をうしろにまわす。

Back

両端を首のうしろでひと結びにする。

Back

形を整えて完成。

Back Style

結び目のニュアンスが
雰囲気を作る

かぎ結び

巻いてから結び目を作る
のでマフラーの表情が出
るかぎ結び。複雑そうに見
えますが、実は工程は簡単
なので、ぜひチャレンジし
てみて。

マフラー（スタイリスト私物）　ニット
13,200円　サロペット 17,600円（と
もにマイカ アンド ディール／マイカ ア
ンド ディール 恵比寿店）　シューズ、
ピアス（ともにスタイリスト私物）

使ったのはこのマフラー ▶

item	ライトブルーマフラー
size	**202×37cm**
material	**カシミヤ**

冬のすがすがしいブルーマフラー

巻いたマフラーのニュアンスを生かすため、シルエットの美しいオールインワンでシンプルなコーディネイトに。マフラーは淡いブルーで冬のすがすがしさを表現しましょう。

巻き方

1

マフラーを縦半分に折り、肩にかける。このとき、右側の長さが左側の倍くらいになるように段差をつけておく。

2

右側の長いほうを首に1周巻きつける。

3

右側が下になるようにして、両端を胸の前で交差する。

4

首元の輪っか部分に交差した下側のマフラーを上からくぐらせて通す。

5

こうすると、首の前に結び目ができる。

6

形を整えながら、やや左側にスライドして完成。

いつもの紺ブレを
冬仕様にするアレンジ

大判マフラー

ジャケット＋
大判マフラー

人気の高い紺ブレにざっ
くりとした大判マフラーを
肩からかけるだけで、ぐっ
とこなれたスタイルに仕
上がります。コートの代わ
りにこんな使い方も。

マフラー 41,800円 ジャケット 79,200
円（ともにマッキントッシュ ロンドン／
SANYO SHOKAI カスタマーサポート）
シャツ 31,350円（BRITISH MADE／
BRITISH MADE 銀座店） デニムパ
ンツ16,500円（ニードバイヘリテージ
／ゲストリスト）

種類別
巻き方＆コーデ

大判マフラーや
ビッグフリンジマフラー、
ダウンマフラーなど特徴のある
ワザありマフラーを使った巻き方と
コーディネイトをご紹介！

使ったのはこのマフラー ▶

item	ブロックチェックシャギーマフラー
size	**185×45cm**
material	**アクリル46％、モヘア29％、ウール13％、ナイロン12％**

ざっくり素材のブロックチェック

大きなブロックチェックの大判マフラー。ウール＆モヘア素材が温かみを感じさせ、やわらかな印象です。長めのフリンジとゴールドのピンもアクセントづけにひと役かっています。

巻き方

1 マフラーを肩からかける。

2 好みのバランスになるよう調節する。

旬顔になれる
ビッグフリンジ

フリンジマフラー①

1周巻き

インパクト大のビッグフリンジマフラーに挑戦！ フリンジの揺れ感を生かしたいので、合わせる洋服はミニマル＆スポーティにまとめましょう。

マフラー 35,200円（マンタス エスカライ／ティースクエア プレスルーム） タートルニット 31,900円（マッキントッシュ ロンドン／SANYO SHOKAI カスタマーサポート） チノパンツ 25,300円（トラディショナルウェザーウェア／トラディショナルウェザーウェア ルミネ有楽町店） シューズ 39,600円（デイト／ティースクエア プレスルーム） ピアス（スタイリスト私物）

使ったのはこのマフラー ▶

item	カラフルシャギー×フリンジマフラー
size	**250×35cm**
material	**ウール97%、ナイロン3%**

鮮やかカラーのビッグフリンジ

明度の高いパープル、ブルー、ブラウンのモヘアニットマフラー。超ロングサイズでビッグフリンジがインパクト大なので、縦のラインを強調してさっくりと1周巻きするだけで存在感抜群です。

巻き方

1

マフラーを首の前からかけ、両端をうしろにたらす。

2

首のうしろで交差し、両端を前にたらす。形を整えて完成。

マフラー 59,400円(カシ
ミカ) スウェット 33,000
円(マッキントッシュ ロンド
ン／SANYO SHOKAI カ
スタマーサポート) シャツ
34,100円(バグッタ／トレ
メッツォ) パンツ 20,900円
(ティッカ)

フリルのような
フリンジが楽しい

フリンジマフラー❷

1周巻き

フリンジが幾重にも重なった技あり
マフラーを主役にしたコーディネイ
ト。フェミニンになりすぎないようホ
ワイトカラーを選ぶのがポイント。

使ったのはこのマフラー ▶

item	白フリンジマフラー
size	**180×29cm**
material	**カシミヤ**

白1色なのにフリンジ使いで華やか

幾層も重なったフリンジがともすれば
フェミニンに傾いてしまいそうですが、
にごりのないビビッドグリーンのロゴス
ウェットや白シャツを合わせることでカ
ジュアルな仕上がりに。

巻き方

マフラーを首の前からかけ、両端をうしろ
にたらす。

首のうしろで交差し、両端を前にたらす。
形を整えて完成。

軽くて暖かな
新感覚マフラー

ダウンマフラー

ループ巻き

ダウン素材のマフラーは
穴に片方の端を通すだけ
と簡単で手軽です。軽く
暖かで機能性抜群なが
ら、デザインインパクトも
高い注目アイテム！

マフラー 17,600円（マニプ
リ） タートルニット 31,900円
（マッキントッシュ ロンドン
SANYO SHOKAI カスタマー
サポート） パンツ 19,800円
（マイカ アンド ディール／マイ
カ アンド ディール 恵比寿店）
キャップ 5,500円（アッパーハ
イツ／ ゲストリスト） ピアス（ス
タイリスト私物）

使ったのはこのマフラー ▶

item	ダウンマフラー
size	**110×19cm**
material	**ダウン90%、フェザー10%**

スポーティカジュアルなダウン素材

カジュアルなダウン素材ですが、ネイビー地にホワイトのペイズリー柄なので大人っぽくシックに決まります。キャップとスニーカーを合わせてスポーティなコーデを楽しんで。

巻き方

1

マフラーを肩にかける。

2

片方の端をもう片方の穴に通す。

item	ボリュームマフラー
size	**190×40cm**
material	**ウール**

真冬を楽しむ極太ニットマフラー

極太毛糸を用いた190cmの超ロング
マフラーは存在感抜群。ざっくり質感
ですが、やさしいアイボリーに細い茶色
の糸が編み込まれているので、繊細な
ニュアンスを生み出しています。

巻き方

1

マフラーを肩にかける。

2

左側のマフラーを右の肩にかける。

052

超ロング＆極太で
存在感たっぷり

極太ニットマフラー
半周巻き

超極太の毛糸で編まれた
ロングニットマフラーは、
半周巻きにするだけで
コーデの主役に。冬なら
ではのあったかおしゃれを
楽しみましょう。

マフラー 33,000円（アソース
メレ／アイネックス）　ニット
35,200円（ティッカ）　パンツ
51,700円（ビーティトリノウー
マン／トレメッツォ）　パンプス
14,900円（アテニア）

item	スヌード
size	34×32cm
material	アルパカ47%、キャメル25%、羊毛19%、ナイロン9%

簡単装着、だけど上質素材

イエローのニットに温かみのあるもこもこ質感のベージュブラウンがベストマッチ。アルパカニット素材なので、カジュアルになりすぎずクラス感もアップしてくれます。

巻き方

1

スヌードを頭からかぶる。

2

バランスを見ながら、好みのたわみになるよう調節する。

かぶるだけの
楽ちん形状がうれしい

スヌード

ネックウォーマータイプの
スヌードは、頭からかぶ
るだけと簡単装着できる
のが最大の特徴。スポー
ティになりすぎない素材
を選ぶのがポイントです。

スヌード 29,700円(マッキン
トッシュ ロンドン／SANYO
SHOKAI カスタマーサポート)
ニット 52,800円(カシミカ) チ
ノパンツ 25,300円(トラディショ
ナルウェザーウェア／トラディショ
ナルウェザーウェア ルミネ有楽町
店) ピアス(スタイリスト私物)

体型別マフラーの選び方・巻き方

寒い季節のアイテムのためウールなどの厚手の生地を使うことが多いマフラーは、
ボリュームが出やすいので、体型に合わせてセレクトすることが肝心です。
ここでは巻き方でボリュームを調節する方法も伝授します。

低身長さん

高い位置に
視線を集めて
コンパクトに

高身長さん

高い身長を生かして
大判マフラーを
ざっくりと

本書では
こんなスタイルがおすすめ
032-033ページ
▼

本書では
こんなスタイルがおすすめ
044-045ページ
▼

女性用マフラーは長さ150cmほどのものが一般的ですが、自分の身長±10cmほどのサイズを選ぶといいでしょう。低身長さんは高い位置でコンパクトにマフラーを巻くことで、視線が上に集中。ぜひ、マフラーを味方につけて。

大判マフラーを肩にバサッとかけるだけでスタイルが決まるのは、高身長さんならでは。晩秋〜初冬にはコート代わりに使えるほか、ジャケットの上にはおることもできるので、季節のスイッチング期に便利です。

やわらかなシルエットのマシュマロ体型
さんは、厚みの出ない薄めの生地、大
きすぎないサイズを選ぶといいでしょ
う。巻き方は、直線的なニューヨーク
巻きやシンプルノットがおすすめ。

ほっそり体型さん

**ボリュームのある素材＆
ビビッドカラーもOK**

ほっそり体型さんなら、
厚みのあるウールや太
リブのニットを選んでも
ボリューミーになりすぎ
ません。思いきってイエ
ローやオレンジなどの
ビビッドカラーを合わ
せても。

本書では
こんなスタイルがおすすめ
016-017ページ
▼

マシュマロ体型さん

**厚みの出ない生地、
大きすぎない
マフラーを**

本書では
こんなスタイルがおすすめ
028-029ページ
▼

本書では
こんなスタイルがおすすめ
024-025ページ
▼

がっしり体型さん

**Iラインを強調して
華奢見えをねらって**

骨格がしっかりしているこの体型の人
は、バランスが取りやすいので、大判マ
フラーもOK。首元で重ね巻きするとボ
リュームが出てしまうので、縦ラインを
強調するといいでしょう。

顔型・髪型別マフラーの選び方・巻き方

首に巻くマフラーは顔型や髪型に大きな影響を与えます。
マフラーの選び方次第で、小顔に見せたり、顔色を明るく見せたりできるので、
自分の顔型や髪型を最大限に生かすマフラーの選び方・巻き方を覚えましょう。

ベース型顔さん

首元にゆとりをもたせて
縦ラインを作って

本書では
こんなスタイルがおすすめ
038-039ページ

卵型顔さん

顔の形がきれいな
卵型さんは
どんな素材・
巻き方でも似合う

美しい卵型の顔型を持つ人は、どんな素材、
巻き方も似合ってしまう万能タイプ。せっかく
なので、コーデの主役になる色や柄を選んで、
ボリュームのある巻き方にチャレンジしてみて。

顔まわりをマフラーで覆ってしまうと顔型が
強調されてしまうので、縦ラインを作りながら、
首元はゆるく隙間を作るのがベター。48〜
49ページのような1周巻きがおすすめです。

本書では
こんなスタイルがおすすめ
048-049ページ

本書では
こんなスタイルがおすすめ
020-021ページ

丸型顔さん

チェック柄で丸さを緩和
顔まわりはすっきりと

キュートな顔型の丸型顔
さんは、顔まわりにカー
ブを作ると子どもっぽく
なりがち。巻き方はシン
プルノットやフロントノッ
トで、細かめのチェック
柄を選んで中和させて。

本書では
こんなスタイルがおすすめ
018-019ページ
▼

ロングヘアさん

タイトなワンループなら
ロングのダウンスタイルもOK

マフラーを巻くときはいつも結んで
しまいがち……というロングヘアさ
んは、ボリュームの出すぎないワン
ループを試してみて。薄手生地で寒
色を選べば、さらにすっきり。

ボブヘアさん

ヘアのカットをきれいに見せる
シンプルな巻き方がおすすめ

あごラインで毛先がパツンと揃った
おしゃれなボブヘアさんは、シンプル
ノットやニューヨーク巻き、ループ巻
きなど、美しいカットを邪魔しないシ
ンプルな巻き方を選びたい。

本書では
こんなスタイルがおすすめ
050-051ページ

本書では
こんなスタイルがおすすめ
022-023ページ
▼

ショートヘアさん

コンパクトなショートの場合は
ボリュームの出る巻き方を

襟足がすっきりしているショートヘ
アさんは、ミラノ巻きやクロス結び、
ウェンディ巻きなどのボリューム巻
きを。防寒対策にもなります。

服装別マフラーの合わせ方

コーディネイトの仕上げのアクセントやスパイスになるマフラー。
モノトーンコーデに華やかカラーを選んだり、色と色の組み合わせを考えたり、いつでも取り外せるのが
マフラーの利点でもあるので、思いきったマッチングにチャレンジしてみるのも楽しい。

ホワイトコーデ

ホワイト〜ベージュの
トーンとリンクした
暖色カラーを

ブラックコーデ

きれい色一択！
マフラーを決めてから
着る服を選んでも

**本書では
こんなスタイルがおすすめ
036-037ページ**
▶

**本書では
こんなスタイルがおすすめ
042-043ページ**
▶

冬ならではの全身ホワイトのコーディネイトに
は、暖色カラーのマフラーを選んでウォーミー
な雰囲気をプラスすると成功します。36〜37
ページのようなアイボリーホワイトのコーデに
は、温かみのあるマスタードイエローがマッチ。

ウィンターシーズンは、トップスもボトムスも
コートも黒という全身ブラックコーデになりが
ちなので、真冬のマフラーはぜひきれい色を選
択してください。マフラーを選んでから洋服の
コーディネイトを決めるのもあり。

カラー コーデ

思いきってカラー on カラーに
挑戦するのが成功への鍵!

**本書では
こんなスタイルがおすすめ
030-031ページ**
▼

ぜひチャレンジしてほしいの
が、ビビッドカラーの洋服に
ビビッドカラーのマフラーを
合わせるテクニック。30〜
31ページのオレンジニットに
は、オレンジ×レッドでリン
クしたボーダーマフラーが意
外なほどなじみます。

**本書では
こんなスタイルがおすすめ
052-053ページ**
▼

カーディガン コーデ

暖か素材マフラーなら
冬でもカーディガン
だけでOK

厚手生地のカーディガンは冬のマストアイテムですが、そ
の上にコートをはおるとボリュームが出すぎてしまいま
す。そんなときは、暖か素材の極太マフラーを巻くこと
で、コート代わりに。真冬以外はこれで乗り切れます。

「バイアス折り」の折り方

ストールとスカーフの章で登場する「バイアス折り」の折り方を紹介します。
バイアス折りは、生地のななめの辺を使いタイ状にする折り方で、
細く長い形状にできるので、覚えておくとよいでしょう。

折り方

①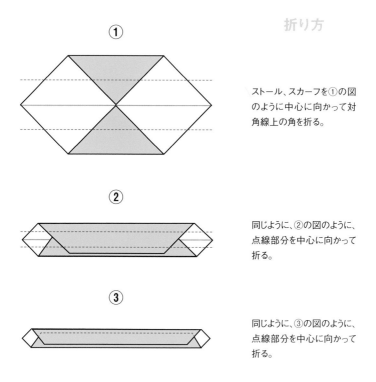

ストール、スカーフを①の図
のように中心に向かって対
角線上の角を折る。

②

同じように、②の図のように、
点線部分を中心に向かって
折る。

③

同じように、③の図のように、
点線部分を中心に向かって
折る。

ストール、スカーフの大きさや厚みによって、また、仕上がりイメージによって、折る
回数は自由に増やしてかまいません。タイ状にしたストール、スカーフをそのままフ
ラットな状態で首に巻くほか、ねじりながら巻くことでまた違った印象になります。

ストールの基本

正装着としても着用できる
ファッションアイテム

そもそもストールは、16世紀ヨーロッパの聖職者たちが着用していた肩かけを貴族階級の女性たちが取り入れたもので、基本的には女性のファッションアイテムであるという点と、正装の場でも着用できるという点が大きな特徴です。

また、寒い季節の防寒具としての側面もありますが、用途としては装飾品のため、素材やデザインが豊富で、1年を通して着用できることもストールならではのポイントです。

巻いたり、結んだり、はおったり、アイデア次第でさまざまな装いができるので、自分ならではの着こなしを取り入れて。

グレーフリンジマフラー
22,000円（アソース
メレ／アイネックス）

素材は？

1年を通じて着用されることから、マフラーに比べて素材の種類が豊富です。春夏にはコットンやシルク、リネンなどの通気性のよいものが用いられ、秋冬にはウールやカシミヤなど保温性の高いものが用いられるのが一般的。最近では、真夏に涼しく使える涼感素材や、真冬に暖かさをアップしてくれる保温素材など機能性の高い新素材が続々登場しています。

歴史は？

ストールの歴史は古く、16世紀のヨーロッパで聖職者が着用していた肩かけを、貴族階級の女性たちがファッション着として取り入れるようになったとされています。次第に絹や毛皮などの素材が用いられ、富や権威の象徴としてドレスの上にまとったことから、現在でもイブニングドレスの上にはおる正装着として位置づけられています。

季節は？

秋から冬に移行する季節のはざかい期に、コートまでは必要ないけど少し肌寒いというときに重宝するストール。同様に、コートを脱ぐ冬から春へのはざかい期にもストールは欠かせません。そればかりか、近年は厳しい夏の暑さで、屋外と冷房の効いた屋内との温度差が激しく、体調を崩しやすいため、真夏であってもストールを手放せません。

サイズ・形は？

長さは180cmほど、幅は45cmほどのものが標準的なストールのサイズです。大判ストールはこれよりさらに大きく、長さ200cmほど、幅70cmほど。基本的には女性が使うものなので、男女でサイズが異なるということはありません。ちなみに、ストールより生地が厚く、幅が広く正方形に近い形になると、ショールに分類されます。

ストールの種類

春夏秋冬、通年使えるので、素材のバリエーションが実に豊富。
目にも涼し気なリネンや、うっとりするような上質カシミヤなど、
素材感を十分に楽しみましょう。
大判、長方形など、サイズラインナップも充実。

素材

カシミヤストール

しっとりなめらかな肌触り
一生ものの高級素材

質感はやわらかくなめらかで、独特のしっとりとした光沢感があるのが特徴のカシミヤストール。保温性と保湿性に優れた高級素材の代表格なので、一生もののストールとして一枚持っておきたい。
ブルー×クリームストール 63,800円（カシミカ）

素材

シルクストール

肌当たりがよく、やわらかい
美しい発色のシルク素材

繊細な絹糸を使って織られたシルクストールは、肌当たりがやわらかく、しっとりとした極上の肌触りが最大の特徴。すべての繊維の中でもっとも美しい色に染め上がる高級素材ですが、水に弱く、虫がつきやすいというデメリットもあるため、まめなお手入れが必須です。
ピンクシルクストール 27,500円（アンドレ マウリーチェ／チェルキ）

素材

ウールストール

**ウール素材は保温性が高く
暖かな冬の必需品**

羊毛の糸で作られるウールストー
ルは保温性が高く、冬のはおりも
のとして欠かせません。毛糸の長
さや太さによって質感が変わるの
で、お好みのものを選んで。
チェックストール 49,500円（ファリエロ・サ
ルティ／アッシュ・ペー・フランス）

素材

レーヨンストール

**独特の光沢感とドレープ感を
生かしたコーディネイトに**

シルクを模して作られた化学繊維・
レーヨンは、光沢があり、独特のドレー
プ性が特徴です。シルク混、コットン混
など異素材との混紡で用いられ、一
般的には比較的に安価な素材として
重宝されています。
柄ストール 50,600円（ジェーン・カー／アッ
シュ・ペー・フランス）

リネンストール

春夏の必須アイテム・リネンは さらりとした素材感を生かして

ハリとコシがあり、さらりとした質感が特徴のリネンストールは、吸水性に優れ、蒸れにくいので、春夏には欠かせないアイテム。シワがつきやすいですが、そのシワが味になり、使い続けるほどにやわらかくなっていきます。

リネンストール 各14,300円（プーロ／チェルキ）

素材

コットンリネンストール

コットンとリネンのいいとこどり 混合率によって風合いが変わる

文字どおりコットンとリネンを混ぜて織り上げた生地を用いたストール。それぞれの利点が生かされ、風合いも機能も高い生地になります。混合率によって特徴が変わるので、お好みのものを探しましょう。

コットンリネンストール（スタイリスト私物）

形

大判ストール

**アイデア次第でさまざまな使い方が
できる大判サイズ**

体をすっぽりと覆ってくれる大判ストール。
ショールやマントのようにはおったり、たっぷり
ドレープを寄せたりすることで、ニュアンスの
ある着こなしができます。
ベージュストール 62,700円（アソース メレ／アイネックス）

形

長方形ストール

**さまざまな巻き方が楽しめる
細長いストール**

細長い長方形ストールは、マフラーのように
さまざまな巻き方ができる楽しみがあります。
リネンやコットンなどの春夏向き素材なら、カ
ジュアルにファッションのポイントが作れます。
ブルーストール（スタイリスト私物）

形

フリンジストール

**大人気のポンポンフリンジが
ファッションのアクセントに**

人気の高いポンポンフリンジストール。エディター
巻きやアフガン巻き、三角巻きなどのときに手軽
にニュアンスが出せるのが人気の理由です。
ピンクフリンジストール（スタイリスト私物）

春夏の
基本の巻き方

冷房が直接当たるときや、
屋外で日差しが強いときなどに
さっとはおれるストールは、
春夏でもバッグの中に
常備しておきたいもの。

ゆるっとラフに結んで
カジュアルに

ハーフリボン結び

ミニマルなノースリーブTシャツ
に合わせるなら、さらっと素材
のストールでニュアンスある巻
き方を。片方だけのリボン結び
をゆるっとラフに結べばOK。

ストール 23,100円(クラウ
ディオ クトゥーリ/チェルキ)
Tシャツ 6,600円(フレーバー
ティー/ゲストリスト) デニ
ムパンツ 27,500円(アッ
パーハイツ/ゲストリスト)
ブレスレット 38,500円(セ
ルジュ・トラヴァル/アッシュ・
ペー・フランス) メガネ、サン
ダル(ともにスタイリスト私物)

使ったのはこのストール ▶

item	ネイビー×ブルーストール
size	**180×50cm**
material	**モダール60%、コットン40%**

エコな新素材・モダールのストール

スモーキーなブルーのグラデーションが
やさしいストールは、モダールという木
材パルプが原料の素材で、シルクのよ
うな光沢と風合いを持っています。サイ
ドに施されたフリンジが繊細な印象。

巻き方

ストールを肩にかける。このと
き、両端が揃わないほうがニュ
アンスが出る。

ストールの右側を上、左側を下
にして胸の前で交差させ、上に
した右側を下から上にくぐらせ
て1回結ぶ。

上のストールで輪っかを作り、
下のストールでひと巻きし、結
び目にひと巻きしたストールを
通して片リボン結びにする。

縦ラインの揺れ感を
生かして

シンプルノット

長方形のストールの片
方に結び目を作り、そ
の結び目にもう片方を
通すだけと簡単なシン
プルノット。シンプル
コーデにきれい色でポ
イントを作って。

ストール（スタイリスト私物）
ボーダーTシャツ　16,500円
（トラディショナルウェザーウェ
ア／トラディショナルウェザー
ウェア ルミネ有楽町店）　デ
ニムパンツ 16,500円（ニード
バイヘリテージ／ゲストリスト）
バッグ 26,400円（ヴィオラドー
ロ／ピーチ）ピアス、バングル
（ともにスタイリスト私物）

item	ミントグリーンストール
size	**180×72cm**
material	**ウール**

ペールトーンのグリーンが美しい

美しいミントグリーンのストールは春夏の装いをさわやかにまとめてくれます。軽く透け感があるので、胸の前でゆるっと結び、Iラインを生かして風に揺れるさまを楽しんで。

巻き方

1

ストールの幅が10cmほどになるように折りたたんで肩にかけ、左側に結び目を作る。

2

右側の端を結び目に通す。

3

形と高さを整える。

ラフな空気感を
まとってざっくりと

エディター巻き

人気のエディター巻き
は、きっちりと巻かず
に、あえてざっくりとラフ
に巻くことでこなれ感が
出せます。シンプルコー
デの味つけにもってこい
の巻き方。

ストール 46,200円（ファリエロ・
サルティ／アッシュ・ペー・フラ
ンス） Tシャツ（スタイリスト私
物） スカート 35,200円（サン
ドロ フェローネ／チェルキ） バ
ングル 50,600円（イオッセリ
アーニ／アッシュ・ペー・フラン
ス） ピアス（スタイリスト私物）

item	グレースクエアストール
size	**140×135cm**
material	**レーヨン**

グレンチェック×カラーラインが◎

グレンチェック柄が繊細な印象のほぼ正方形のストール。太さの異なるブルー、オレンジ、イエロー、グリーン、パープルのラインがクリエイティブな雰囲気を作り出してくれます。肌触りがやわらかく、上質感も。

巻き方

1 ストールをバイアス折り（62ページ参照）にする。首の前から巻き、うしろで交差し、両端を前にたらす。

2 両端を右側が上、左側が下になるようにして胸の前で交差する。

3 上にある右側の端を首の前の輪っかに下から上に通す。

4 ざっくりとラフな仕上がりになるようにバランスを見ながら形を崩す。

使ったのはこのストール ▶

item	コットンリネンストール
size	**195×105cm**
material	**コットン50%、リネン50%**

サファリ風プリントの夏ストール

夏の日差し対策にぴったりな薄くて軽いガーゼ素材の大判長方形ストールは、サファリ風のイラストが夏らしさ全開。ノースリーブワンピとストローハットで真夏のストールを楽しみましょう。

巻き方

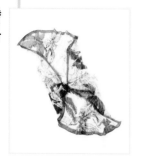

1 ストールの端の対角線の一対を固結びにする。

2 輪を頭に通し、結び目が前にくるように首にかける。

3 胸の前でストールを8の字のようにねじる。

4 結び目を持ち、8の字の下の輪っかを頭に通す。

5 バランスを見ながら形をラフに調節する。

Back Style

ねじったストールで
表情豊かに

8の字巻き

ストールの両端を固結び
にして首にかけ、8の字
にねじる巻き方です。一
見、スヌード風に見え、は
ずれる心配がないので、
風の強いリゾート地など
におすすめ。

ストール、ワンピース、
ストローハット（すべて
スタイリスト私物）

使ったのはこのストール　▶	
item	ラベンダーリネンストール
size	**205×76cm**
material	**リネン100%**

さらっと質感＆ラベンダーが涼し気

リネン100％のさらりとしたテクスチャーが涼し気な長方形ストール。ブラックのミニマルなトップスですが、ナチュラルなラベンダー色が優しげな印象に仕上げてくれます。

巻き方

1

ストールを肩にかける。

2

左右のストールをそれぞれねじりながら、胸の前で3巻きほどクロスする。

3

両端をうしろにまわす。

4

首のうしろで固結びする。

5

うしろから見た完成形。

ストール 33,000円（アン
ドレ マウリーチェ／チェ
ルキ）Tシャツ、ピアス（と
もにスタイリスト私物）

顔まわりがぱっと華やぐ
ねじり巻き

クロスツイスト

ストールの両端をそれぞ
れの手で持ち、前身でね
じってから首のうしろで
結ぶクロスツイスト。簡
単なのに凝った印象に
見え、顔まわりが明るく
見えます。

使ったのはこのストール	▶

item	ピンクチェックストール
size	**208×81cm**
material	**コットン100%**

透け感と揺れ感のあるチェックストール

長方形のストールはサイズは超大判ですが、素材は薄く軽いので、春夏コーデにぴったり。白のワンピースに映える明度の高いピンクのマドラスチェック柄なら、夏の装いにもマッチします。

巻き方

ストールを肩にかける。

バランスを見ながら、端が揃わないようにラフに崩す。

ストール、ワンピース、ピアス
（すべてスタイリスト私物）
サンダル 4,950円（イパネマ
／シードコーポレーション）

肩にかけるだけなのに
存在感あり

ドレープがけ

ただ肩にかけるだけの最
速巻き。超大判ストール
を使い、ボリューム感があ
るものの、極薄の生地な
ので軽やかです。揺れ感
も楽しんで。

081

秋冬の
基本の巻き方

少し肌寒いときに重宝する
秋冬のストール。
季節の移り変わり期にコートや
カーディガン代わりにさっと
はおることができ、便利です。

10秒で完成の高速巻き
でぐっとおしゃれに

三角巻き

ストールの角を生かして
三角形に巻きます。両肩
にかけて片方の端をもう
片方の肩にかけるだけと
簡単なので、わずか10秒
で完成します!

ストール 36,300円 ワンピース
59,400円(ともにマッキントッシュ ロ
ンドン/SANYO SHOKAI カスタ
マーサポート) バッグ、ピアス(とも
にスタイリスト私物)

使ったのはこのストール ▶

item	グレンチェックスクエアストール
size	**135×135cm**
material	**カシミヤ70%、シルク30%**

グレンチェックの上品な正方形ストール

カシミヤ×シルク素材で肌触りは極上。
モノトーンのグレンチェック柄が上品で、
大判正方形なのでニュアンスも出やす
いです。ストール主役のコーデなので、
ワンピースはプレーンなものを選んで。

巻き方

1

ストールが三角形になるように
半分に折り、肩にかける。この
とき、左端を長くしておく。

2

左側の端を右肩にかける。

3

三角部分がちょうどよい場所に
来るように調節する。

蝶のように華やかな
ねじり巻きテク

バタフライ巻き

肩にかけたストールの両
端をひっくり返しながらう
しろで結ぶことで、蝶の
羽のような華やかなフォ
ルムに。リバーシブル柄な
ら、さらに表情豊かに。

ストール 50,600円（アルテア／アマン） シャツ
31,350円（BRITISH MADE／BRITISH MADE
銀座店） デニムパンツ 16,500円（ニードバイヘリ
テージ／ゲストリスト） バッグ 203,500円（ザン
ケッティ／八木通商） ピアス（スタイリスト私物）

使ったのはこのストール ▶

item	リバーシブルストール
size	**172×54cm**
material	**ウール100%**

品のあるネイビー&リバーシブル

片面はペイズリー柄、もう片面はドット柄
のため、両面を見せるバタフライ巻きに
はぴったりの一枚。落ち着いたネイビー
カラーで柄の色やサイズが上品なので、
シックにまとまります。

巻き方

1

右側にドット柄、左側にペイ
ズリー柄が見えるように、ス
トールをひねって肩にかける。

2

ストールの右側を左肩にか
ける。

3

ストールの左側を持ち、右肩
にかける。こちらは表面がそ
のまま表に出るようにする。

4

うしろで両端を固結びにす
る。

5

Back

うしろから見た完成形。

item	ベージュ×オフホワイトリバーシブルストール
size	**178×37cm**
material	**カシミヤ**

カシミヤ素材のリバーシブルストール

ブラウン×グレーのファッションにベージュの長方形ストールをプラスすることで、秋の装いが完成。カシミヤ素材なので、レディなイメージにクラスアップしてくれます。

巻き方

1

ストールを縦半分に折り、横半分にして首にかける。このとき左側を長くしておく。

2

右側の輪っかに左側の両端を通す。

3

リバーシブルの両面が見えるようにバランスを見ながら調節する。

ワンループ

半分に折ったストー
ルを首にかけ、輪っか
部分に端を通すだけ。
簡単でコンパクトなの
で、どんなファッショ
ンにも合わせやすい
万能巻きです。

ストール 59,400円（カシミ
カ） ニット 20,900円（トラ
ディショナルウェザーウェア
トラディショナルウェザーウェ
ア ルミネ有楽町店） パンツ
39,600 円（マッキントッシュ
ロンドン／ SANYO SHOKAI
カスタマーサポート） ピアス
（スタイリスト私物）

ストール 16,500円（マニプ
リ）　シャツ（スタイリスト私
物）　スカート 24,200円（グ
レーコード／ゲストリスト）　ブ
レスレット 73,700円（ウー
ターズ　アンド　ヘンドリクス／
アッシュ・ペー・フランス）

ちょこんとした結び目が
アクセントに

アフガン巻き

アフガン巻きはカジュア
ルに仕上げたいので、ざっ
くりラフに巻きつけて。
角度をつけて角を出すの
と、両端の結び目が前身
にくるとキュートです。

使ったのはこのストール ▶

item	**オレンジ×ラベンダー タッセル柄ストール**
size	**120×120cm**
material	**ウール60%、シルク40%**

ゴージャスなストールをカジュアルに

温かみのあるオレンジ色にタッセル柄が描かれた正方形の大判ストール。ドラマチックな印象のストールなので、合わせるトップスはデニムシャツを選ぶとカジュアルに仕上がります。

巻き方

1

ストールが三角形になるように半分に折る。前からかけて、両端をうしろにまわす。

2

うしろで交差し、両端を前にたらす。

3

両端を2〜3回ねじる。

4

胸の前で両端を固結びにする。

使ったのはこのストール ▶

item	地図柄マルチカラーストール
size	**135×135cm**
material	**ウール**

大胆なグラフィックがアクセントに

手描き風の大胆なグラフィックとビビッドなカラーがインパクト大の正方形ストール。紺ブレ×ニット×デニムというノームコアなスタイルに華やかなアクセントを作ってくれます。

巻き方

1

ストールをバイアス折り（62ページ参照）にする。首の前からかけてうしろで交差し、両端を前にたらす。

2

ストールの右側を首元の輪の部分に下から引き出す。

3

②で引き出した輪っかにストールの左側を上から通す。

4

バランスを見ながら、ざっくりラフに形を整える。

胸元に華やかさを
プラスして

ミラノ巻き

胸元を華やかに彩るミラノ巻き。長方形ストールを前から巻き、輪っかの内側から引き出し幾層もの輪を作ることで、複雑なニュアンスを生み出します。

ストール 60,500円（ファリエロ・サルティ／アッシュ・ペー・フランス） ジャケット 79,200円（マッキントッシュロンドン／SANYO SHOKAI カスタマーサポート） デニムパンツ 16,500円（ニードバイ ヘリテージ／ゲストリスト）

item	チェックフリンジストール
size	**190×70cm**
material	**カシミヤ**

赤タータンがコーデのスパイスに

秋の王道トレンチコートスタイル。赤の
タータンチェックは子どもっぽく見えて
しまいがちなので、長方形ストールの
Iラインを生かし、グレーのトップスと黒
パンツでマニッシュにまとめて。

巻き方

ストールを縦半分に折る。前から首に巻
き、両端をうしろにまわす。

首のうしろで交差し、両端を前にたらす。

秋トレンチを
赤タータンで盛り上げる

1周巻き

マフラーの章でも紹介し
た1周巻き（16〜17ペー
ジ参照）をストールでも
提案。首にぐるっと巻き
つけるだけと簡単で、ス
トールの柄を見せたいと
きにおすすめです。

ストール 75,900円（ジョンス
トンズ／BRITISH MADE
銀座店） トレンチコート
137,500円（マッキントッ
シュ ロンドン／SANYO
SHOKAI カスタマーサ
ポート） パンツ 64,900円
（ビーティリノウーマン／ト
レメッツォ） トップス、シュー
ズ（ともにスタイリスト私物）

ぐるぐる＋固結びで
凝ったデザインに

ツイスト固結び

長方形ストールの端をそれ
ぞれの手に持ち、ぐるぐる
ねじって肩にかけ、1周巻き
つけて固結びにするだけで
複雑な表情のフォルムに。

ストール 38,500円（フェ
リエロ・サルティ／アッ
シュ・ペー・フランス）
ニット 69,300円（マッ
キントッシュ ロンドン／
SANYO SHOKAI カス
タマーサポート）　デニム
パンツ 27,500円（アッ
パーハイツ　ゲストリスト）

使ったのはこのストール ▶

item	赤×ベージュストール
size	**185×40cm**
material	**ウール83%、ナイロン14%、シルク3%**

赤×ベージュのウォームカラー

グレーニット×グレーデニムという地味コーデには、こんなウォームカラーの長方形ストールを合わせるとインパクト大。ウールにナイロン、シルク混で肌触りはやわらかです。

巻き方

ストールを縦半分に折って肩にかける。このとき、左側が右側の倍ほどの長さになるようにする。

左側をねじりながら右肩のほうにまわす。

②で右肩にまわしたストールをうしろを通過させて左肩から前にたらす。

ややねじりながら首のななめ前で固結びにする。

形を整えて完成。

即効でこなれ感が出る
簡単アレンジ

ジレ風

長方形の大判ストール
を肩にかけ、両端の角を
うしろにまわし、お尻あ
たりで小さく結ぶと、ま
るでジレのようなフォル
ムに。身長高めの人にお
すすめ。

ワザあり
ストールの巻き方

ピンやベルトを使って留めたり、
ベスチェ風にしたり、
アレンジにひと工夫。
また、素材や形に特徴のある
ストールもご紹介します。

ストール 121,000円（ドゥ
ニ コロン／ノウン） シャツ
25,300円（ティッカ） パン
ツ 27,500円（アッパーハ
イツ／ゲストリスト） ブーツ
71,500円（セミクチュール／
アノア） イヤリング 17,600
円（クロディーヌ・ヴィクトリー
／アッシュ・ペー・フランス）

使ったのはこのストール ▶

item	チャコールストール
size	**200×90cm**
material	**カシミヤ100%**

上質素材のたっぷり超大判ストール

なめらかな風合いが気持ちいいカシミ
ヤ100%の長方形ビッグストール。淡
いグレー×濃いグレーのリバーシブルで、
ちらりと見えるグレーの濃淡がシックで
上品にまとめてくれます。

巻き方

1

ストールを肩に
かける。このと
き、端が揃わな
いようにラフにし
ておく。

2

両端を持ってう
しろにまわす。

3

Back

両端をお尻の下
で固結びにする。

Back Style

item	大判チェック柄ストール
size	**200×150cm**
material	**カシミヤ100%**

カシミヤ素材の量感たっぷりストール

カシミヤ素材の超大判ストールは量感
たっぷりで、上半身を丸ごと包むように
してマント風に。重くなってしまわない
よう鮮やかなブルーのニットキャップで
目線を上に持っていきましょう。

巻き方

1

ストールを肩にかける。このとき、端が揃
わないようにラフにしておく。

2

右側の端を左の肩にかける。バランスを
見ながら形を調節する。

マント風

肩にストールをかけ、片
方をもう片側の肩にかけ
るだけで、マント風に。
超大判の長方形ストー
ルを使い、フリンジを
しっかり見せるとポイン
トになります。

ストール 231,000円（ドゥニ コロ
ン／ノウン）　デニムシャツ（スタ
イリスト私物）　パンツ 35,200円
（テラ／ティースクエア プレスルー
ム）　ニットキャップ 26,400円（セ
ミクチュール／アノア）　シューズ
68,200円（マイマイ／チェルキ）

レトロな雰囲気が
クラシックでかわいい

ショール風

ストールを肩にかけて
体の前でちょこんと固
結びにすれば、ショール
風に。簡単にクラシッ
クな雰囲気が作れ、
コーディネイトの主役
になります。

ストール 16,500円（マニプ
リ） コート 137,500円（マッキ
ントッシュ ロンドン／SANYO
SHOKAI カスタマーサポート）
デニムパンツ 16,500円（ニー
ドバイヘリテージ／ゲストリス
ト） バッグ 25,300円（ヴィ
オラ・ドーロ／ピーチ） シューズ
（スタイリスト私物）

使ったのはこのストール ▶

item	ペイズリー柄ストール
size	**120×120cm**
material	**ウール60%、シルク40%**

カジュアルペイズリー柄&上質素材

ショール風の巻き方はともすれば古臭くなってしまいがちですが、ペイズリー柄を選べば、カジュアルで若々しく仕上がります。ウール×シルクでテクスチャーはやわらかく、形は正方形です。

巻き方

1

ストールを三角形になるように半分に折り、肩にかける。

2

みぞおちあたりで両端を固結びにする。

使ったのはこのストール ▶

item	シャギーストール
size	**225×65cm**
material	**ウール47%、アルパカ41%、ナイロン12%**

暖か素材のシャギーストール

アルパカ混のウール素材で、シャギーっぽいテクスチャーの長方形ストール。厚みがあり、ボリューム感たっぷりですが、濃紺×白の寒色カラーなのでスタイリッシュな印象にまとまります。

巻き方

1

ストールを肩にかける。

2

ウエスト位置にベルトを巻く。

ベルトで留めるだけで
簡単にアウター風に
ベルト留め
アウター風

ストールを肩にかけてベル
トで留めるだけで、アウター
のような装いが完成。合わ
せる洋服がシンプルでも、お
しゃれっぽく仕上がります。

ストール 39,600円(アソー
ス メレ／アイネックス) ニット
31,900円(マッキントッシュ
ロンドン／SANYO SHOKAI
カスタマーサポート) パンツ
35,200円 (テラ／ティースク
エア プレスルーム) シュー
ズ、ベルト、メガネ(すべてスタ
イリスト私物)

スカート風
アレンジ

ストールを三角形に折って腰に巻き、ウエスト位置で結べば、スカート風のアレンジに。コーディネイトを華やかに盛り上げてくれる上級者テクです。

ストール 16,500円（マニプリ）　カーディガン 20,900円　スカート 19,800円（ともにマイカ アンド ディール／マイカ アンド ディール 恵比寿店）　Tシャツ、シューズ（ともにスタイリスト私物）

使ったのはこのストール ▶

item	ピンク×バイシクル柄ストール
size	**120×120cm**
material	**ウール60%、シルク40%**

色使いとカラーがフェミニン&華やか

ピンク×ブルーのフェミニンな正方形ストール。バイシクル柄がプリントされたスカーフテイスト溢れる一枚です。上品なキャメル色のセットアップをぐっと華やかに色づけしてくれます。

巻き方

Side

ストールを三角形になるように半分に折る。三角形の長辺を腰に巻き、左側で両端を固結びにする。

結び目の仕上がり。

ブローチ使いで
エレガントに決まる

ブローチ留め
エディター巻き

カジュアルなエディター
巻きをクラシックなテイ
ストのブローチで留める
だけで、がらりとエレガ
ントな印象にチェンジで
きます。

ストール 39,600円（アソー
ス メレ／アイネックス） ブ
ローチ（スタイリスト私物）
ニット 39,600円（テラ／
ティースクエア プレスルー
ム） チノパンツ 25,300円
（トラディショナルウェザー
ウェア／トラディショナルウェ
ザーウェア ルミネ有楽町店）

使ったのはこのストール　▶

item	アイボリーフリンジストール
size	**105×105cm**
material	**カシミヤ100%**

上品なベージュのカシミヤストール

大判のスクエア形ストールは、カシミヤ
100%で極上の肌触り。品のよい淡
いベージュなので、面積が大きくても
圧迫感がありません。作りたいイメージ
に合わせてブローチを選んで。

巻き方

1

ストールを三角形になるように
半分に折る。三角形の長辺を
肩にかける。このとき、右側が
長く、左側が短くなるようにして
おく。

2

右側の端を左の肩にかける。

3

左の鎖骨あたりでブローチを
留め、端を前にたらす。

巻くだけで顔まわりが
明るく華やかに

デザインストール①

エコファー

美しいシルバーグレーのエ
コファーを使ったコーディ
ネイト。ファーの毛足が長
めなので、首に巻きつける
だけで顔まわりがぱっと華
やかに。

エコファー、メガネ（ともに
スタイリスト私物）　ニット
52,800円（スカリオーネ
／トレメッツォ）　パンツ
58,300円（ビーティトリ
ノウーマン／トレメッツォ）
シャツ 34,100円（バグッ
タ／トレメッツォ）

使ったのはこのストール ▶

item	エコファーストール
size	**105×23cm**
material	**エコファー**

シルバーグレーが美しい

ファー×パープルコーデはエレガント
に傾きすぎてしまうので、コットン素材
の白シャツを襟や袖からチラ見せさ
せ、チェックパンツやメガネでカジュア
ルアップしましょう。

巻き方

1

ファーを肩にかける。

2

留め具でファーを留める。

3

バランスを見ながら、やや左に
ずらし、形を整える。

三角形の新フォルムが斬新

三角ストール

ありそうでなかった三角形のストールを使って、ビスチェ風の巻き方を提案。胸の部分をややブラウジングすると、こなれ感が出ておしゃれに仕上がります。

ストール 29,700円（アソースメレ／アイネックス） トップス 17,600円（ティッカ） パンツ 64,900円（ビーティトリノウーマン／トレメッツォ） ネックレス（スタイリスト私物）

使ったのはこのストール ▶

item	三角形ストール
size	160×75cm
material	ウール50%、モヘア30%、シルク20%

三角形の新トレンドストール

ワンカラーのシンプルストールですが、ありそうでなかった三角形のフォルムが斬新。モヘアが繊細でウォーミーなニュアンスを生んでくれます。パールを合わせてクラシカルにまとめて。

巻き方

1 三角形の長辺を胸に当てる。このとき、三角形の下の角が体の左ななめ前にくるようにややずらしておく。

2 うしろで両端を固結びにする。

Back

3 バランスを見ながら、胸のあたりをややたくし上げる。

Back Style

しっとりブラウンカラーで
大人の冬マリン

デザインストール③

スエード調ストール

スエード調の風合いがリッチな
ストールは、冬マリンを大人顔に
変えてくれます。超大判でステ
ッチ使いなどデザイン性が高いの
で、バサッとラフにはおって。

ストール 39,600円（フラード
／アマン）　ボーダーTシャ
ツ 17,600円（ルミノア／ゲ
ストリスト）　パンツ 66,000
円（セミクチュール／アノア）
シューズ、ハット（ともにスタイ
リスト私物）

使ったのはこのストール ▶	

item	フリンジストール
size	**180×60cm、フリンジ15cm**
material	**ウール100%**

スエード風の質感が大人っぽい

ボーダー×白パンツのマリンスタイルには、スエード調テクスチャーの大判長方形ストールを合わせるとぐっと大人顔に。しっとりとした風合いと落ち着いたブラウンが肌になじみます。

巻き方

ストールを肩にかける。

襟元で生地をやや内側に折り込む。

体型別ストールの選び方・巻き方

長さ180cmほど、幅45cmほどのサイズが一般的で、なかには長さ200cmを超える大判サイズのものもあるストール。体よりも大きな布をまとうことになるので、体型を生かす選び方やすっきり見せる巻き方にはコツが必要です。

低身長さん

ボリュームの出すぎないエディター巻きで視線を上に

本書ではこんなスタイルがおすすめ
074-075ページ
▼

身長＋10〜30cmほどの長さを選ぶのがベターですが、もうひとつ注意したいのが横幅。幅広だとボリュームが出やすいので、低身長さんは30〜45cm幅を選ぶといいでしょう。エディター巻きなら視線を上に持ってこられます。

高身長さん

大判ストールの長さを生かした難易度高めの巻き方もお手のもの

本書ではこんなスタイルがおすすめ
096-097ページ
▼

肩にかけたときにストールの端がひざ上くらいまでくる大判サイズでも難なく着こなせるのが、高身長さんの強み。ジレ風やマント風、ベルト留めアウター風といった難易度高めの巻き方でもばっちり決まります。

華奢体型ならレトロな
ショール風巻きも◎

マシュマロ体型さんだと
甘くなり、がっしり体型
さんだとチグハグになっ
てしまうショール風巻
きも、ほっそり体型さん
ならばっちり決まります。
幅広タイプでもOK。

**本書では
こんなスタイルがおすすめ**
100-101ページ
▼

マシュマロ体型さん

ボリュームを抑える
素材を選んで
タイトシルエットを
目指す

**本書では
こんなスタイルがおすすめ**
086-087ページ
▼

カーヴィーなマシュマロ
体型さんは、薄めの生地
を選ぶのが成功のポイン
トです。冬ならカシミ
ヤやウールでもフリンジ
なしのタイプを選んだり、
春秋ならリネンやシルク
を選んで。

がっしり体型さん

骨格が美しいこの体型の
強みを生かしてマニッシュに

体のフレームがしっかりしているこの
タイプは、マニッシュなスタイルをスタ
イリッシュに着こなせるのが特徴。ボ
リュームだけ注意して、タイトなシルエッ
トを目指して。

**本書では
こんなスタイルがおすすめ**
072-073ページ
▼

顔型・髪型別ストールの選び方・巻き方

布の面積が大きいストールは、コーディネイトの主役にもなる重要アイテム。
地味コーデを華やかにしてくれる一方で、トゥーマッチになってしまう要素もあるので、
全体のバランスを見ながらボリュームを調節するのが大切です。

ベース型顔さん

直線ラインを生かして
すっきりまとめて

卵型顔さん

顔まわりが
華やかになる柄＆
アフガン巻きも映える

本書では
こんなスタイルがおすすめ
088-089ページ

ほっそりとしたあごがともすれば寂しげに見えてしまう
こともある卵型顔さんは、花やペイズリーなどのボタ
ニカルな柄で華やかさを加えて。アフガン巻きならエ
レガントさもプラス。

デコルテを見せるとすっきりとした印象に仕
上がるベース型顔さん。直線ラインを強調す
る巻き方なら、スタイリッシュなコーディネイ
トが完成します。

本書では
こんなスタイルがおすすめ
102-103ページ
▼

本書では
こんなスタイルがおすすめ
070-071ページ
▼

丸型顔さん

薄いリネン素材を
ざっくり巻いて
Iラインを作り出す

厚みの出ない素材を選び、
首まわりにスペースを作
れば、小顔効果もアップ
します。70〜71ページの
スタイルにはコットンやリ
ネンなどの薄くて軽い生
地を選ぶと成功します。

本書では
こんなスタイルがおすすめ
090-091ページ
▼

ロングヘアさん

ボリュームを抑えたやわらか
素材がロングヘアにぴったり

ウールやカシミヤでも薄手でやわら
かい質感のものを選べば、ボリューム
ダウンできます。首元は華やかですが、
縦ラインも強調されるミラノ巻きはロ
ングヘアさんにもおすすめ。

ボブヘアさん

ストールの美しいドレープと
ボブヘアがマッチ

たっぷりとした生地を生かした三
角巻きはストールならではの巻き方。
毛先のカッティングがきれいなボブ
ヘアさんなら、ストールの美しいド
レープとマッチするでしょう。

本書では
こんなスタイルがおすすめ
082-083ページ
▼

本書では
こんなスタイルがおすすめ
084-085ページ
▼

ショートヘアさん

ケープのような8の字巻きも
ショートヘアならばっちり

ケープのように肩を覆うバタフライ巻
きは、ロングヘアさんやボブヘアさん
にはやや難易度高めですが、ショー
トヘアさんなら難なくはまります。
もっと大判にチャレンジしても。

肌トーン別カラーの選び方

肌色が黄味寄りのイエローベースさんと、青味寄りのブルーベースさん。
さらに、イエベさんで色白タイプと色黒タイプ、ブルべさんで色白タイプと色黒タイプに分けて、
似合うストールの合わせ方をレクチャーします。

（色黒）
×
（イエローベースさん）

暖色系のオレンジや
赤が肌トーンを
アップしてくれる

本書では
こんなスタイルがおすすめ
094-095ページ
▼

色黒イエベさんは、こっくりとした深みのあるカラーを選ぶといいでしょう。たとえば94〜95ページのストールは鮮やかな赤ですが、アースカラーのベージュが組み合わさっていることで、色黒イエベさんの肌にしっとりとなじみます。

（色白）
×
（イエローベースさん）

黄味をおびた
上品ベージュなら
顔色をいっそう
華やかに

本書では
こんなスタイルがおすすめ
106-107ページ
▼

明るくフレッシュなカラーが似合う色白イエベさん。たとえばベージュのストールなら、黄味がかったアイボリーやキャメルを選ぶと肌を明るく見せてくれます。逆に寒色系や深めの色を選ぶと顔がくすんで見えがちなので注意を。

（色白） × （ブルーベースさん）

色白ブルべさんならではの
好相性カラー・ラベンダーに挑戦

**本書では
こんなスタイルがおすすめ
078-079ページ**
▼

透明感のある肌を持つ色白
ブルべさんは、寒色系のパ
ステルカラーや明るめのく
すみカラーを合わせること
で、肌の透明感がさらにアッ
プします。淡いラベンダーカ
ラーが似合うのも色白ブル
べさんならでは。

**本書では
こんなスタイルがおすすめ
080-081ページ**
▼

（色黒）
×
（ブルーベースさん）

得意の青味寄りピンクで
涼し気な印象に

色黒ブルべさんはシャープでクールな印象を持ち、寒色
系のビビッドカラーがよく似合います。青味ピンクも得意
なので、夏なら80〜81ページのようなピンクチェックのス
トールを合わせれば、涼し気な印象に。

マフラー、ストール、スカーフの お手入れの仕方

シルクやカシミヤなどの高級糸が使われているマフラー、ストール、スカーフは、
長く愛用したいもの。ですが、天然素材のため、
虫がつきやすく、毛玉ができやすい面も。正しいお手入れで長持ちさせましょう。

マフラーのお手入れ

　ウール素材のマフラーは、水分を含んだ状態で揉まれると縮んで固くなる性質があるため、汚れが気になる場合はクリーニングに出したほうがいいでしょう。手洗いOKの表示があるものは、30℃以下の水で、中性洗剤を使い、摩擦を起こさないようやさしく押し洗いします。仕上げに柔軟剤を加えて、ふんわりやわらかく仕上げるのもおすすめです。また、ウールは陽に弱いので、風通しのよい日陰で形を整えて干すようにしましょう。

　カシミヤマフラーは、以下のストールのお手入れを参考にしてください。

ストールのお手入れ

　カシミヤやシルクなどの天然素材が使われていることが多いストール。カシミヤは水に弱いので、できるだけ洗濯の回数を減らしたほうがベター。洗濯するときはクリーニングに出したほうが賢明でしょう。日常的にはやわらかい衣類用ブラシでほこりを落とし、日に当たらない場所で保管すること。また、毛玉ができやすいのですが、手で無理に取ると生地を傷めてしまうので、はさみで繊維をカットしましょう。

　リネンは水に強いので、自宅で手洗いが可。30℃以下の水かぬるま湯で、中性洗剤を使い、つけおき洗いします。

スカーフのお手入れ

　多くのスカーフがシルク100%ですが、シルクは非常に水に弱い素材です。また、美しい絵柄の染色の色が洗濯によって落ちてしまったり、ほかの衣類に色移りしてしまうことがありますので、できるかぎりクリーニングに出しましょう。日常的にも、雨に濡れたり、汗をかいたりするときは、スカーフを外しておいたほうがいいでしょう。そして、シルクは紫外線を吸収するという特徴があるため、長時間、陽に当てると変色してしまうことがあります。

　保管するときは、風通しがよく、日の当たらない場所に置いておくことが重要です。

スカーフの結び方

大人の女性がさり気なく首にスカーフを結んでいるさまは、とても素敵です。
この章では、さまざまに表情を変えるスカーフの結び方をたっぷりご紹介します。

スカーフの基本

一枚の布に描かれた美しい絵柄と奥深い世界観を堪能して

憧れの大人の女性を象徴するもののひとつとして、スカーフがあります。白のブラウスにスカートというシンプルなコーディネイトでも、首元に鮮やかな色味のスカーフを結ぶだけで、ぐっと華やかな印象にしてくれます。

スカーフの魅力は、なんといってもその多彩な柄。定番のフラワー柄や馬具柄、ペイズリー柄、幾何学模様柄などのほかに、ドット柄やストライプ柄といったカジュアルなものもあります。ラグジュアリーブランドのヴィンテージスカーフは価値が高く、愛好家・収集家も存在するほど。

一枚の布で表現される洗練された世界観を堪能してください。

（左から）ブルーストライプスカーフ 10,450円（ヒューマン ウーマン） ブルー柄スカーフ 14,300円（マニプリ） ドット柄スカーフ 9,900円（ヒューマン ウーマン）

Basic 2

素材・サイズ・形は?

スカーフの素材の多くはシルク100%です。なかには、コットンやレーヨン、ポリエステルなどもあります。サイズは、80〜100cm四方のものが一般的で、60cm四方ほどのものをミニサイズ、100cm四方以上のものを大判サイズと呼びます。形は正方形のものがポピュラーですが、長方形やひし形、タイ形タイプのものなどもあるので、用途に合わせて使い分けましょう。

Basic 1

歴史は?

もともとはハンカチの一種に分類されたスカーフ。ハンカチが衛生を目的としているのに対し、スカーフは大判で、防寒や審美のためのものとして位置づけられていました。スカーフ文化が一気に開花したのは、20世紀のフランス・パリのモード界。当時の一流ファッションデザイナーたちが、ジャケットやコートに合わせるアクセサリーとしてデザインを昇華させました。

Basic 4

季節は?

スカーフもまた、季節を問わず、通年使えます。ですが、首には大きな血管が通っていることから、スカーフで首元を覆うだけで内側から効率よく体を温めてくれるので、少し肌寒いと感じる春先や秋口には特におすすめです。フラワー柄や自然モチーフなど、絵柄が多彩なスカーフは、それぞれの季節に合わせた柄やカラーを選ぶのも楽しいでしょう。

Basic 3

柄は?

オーセンティックな柄として、馬具や王冠などの装飾品が描かれたもの、花やペイズリー、運河といった自然モチーフ、馬やヒョウなどの動物モチーフなどがあります。また、幾何学模様のものやブランドロゴがレイアウトされたものなども人気が高いです。スカーフに描かれる柄は芸術性が高く、額装してインテリアにしている愛好家も。126〜127ページの解説もご覧ください。

スカーフの形

80〜100cm四方の正方形のものを基本に、長方形やひし形、タイ形などがあります。
また、100cm四方以上の大判サイズや、60cm四方ほどのミニサイズも。

長方形スカーフ

長さを要する結び方のときに
便利な長方形

リボン結びやネクタイ結び、ループノット
など、長さが必要な結び方のときに使
いやすいのが長方形スカーフです。
グリーン柄スカーフ 11,000円（マクール／マ
クールジャパン）

正方形スカーフ

スカーフの王道は正方形
多彩な結び方に展開できる

一般的にスカーフといえば、1辺が80〜
100cmほどの正方形です。首の前でちょこん
と結んだり、三角形に折って肩にかけたりと、
さまざまな結び方に対応できるのがこの形。
バイシクル柄スカーフ 19,800円（マニプリ）

ひし形スカーフ

先細りの先端がニュアンスを生む
おしゃれ度の高いフォルム

ひし形タイプは、端が先細りになっているので、
結ぶだけでもニュアンスが出て、おしゃれな印
象に仕上がります。
ネイビー×フラワー柄スカーフ 20,900円（マッキントッシュ
ロンドン／SANYO SHOKAI カスタマーサポート）

大判スカーフ

**たっぷりの生地を効果的に
使って、さまざまなアレンジを**

100cm四方以上のビッグサイズスカーフは、たっぷりの生地を生かしてストールのように使ったり、細く折りたたんでベルトとして使ったりとアレンジのバリエーションも豊富。
ピンク柄スカーフ 27,500円（アンドレマウリーチェ／チェルキ）

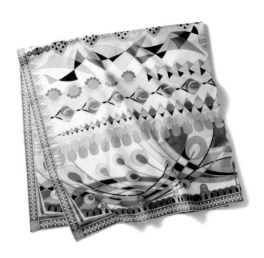

ミニスカーフ

**アクセサリー感覚で使える
かわいいミニサイズ**

60cm四方ほどのミニスカーフは、チョーカーのように首にコンパクトに巻いたり、バッグのハンドルに結んだりと、アクセサリー感覚で使えます。女性へのプレゼントにしても。
ブルー柄ミニスカーフ 6,490円（マクール／マクールジャパン）

タイ形スカーフ

**コンパクト&スリムで
さり気ない結び方にマッチ**

細長いタイ状のスカーフは、折りたたまず使えるので、厚みやボリュームを出したくないときにおすすめです。先が剣先になっているものが多いので、ニュアンスも出やすい。
フラワー柄タイ形スカーフ 9,900円（マニプリ）

スカーフの柄

クラシカルな馬具、王冠、鍵モチーフや色とりどりのフラワー柄など、
一枚の正方形の布地の中に描かれる美しく奥深い世界観。
スカーフの魅力がぎゅっと凝縮された柄を堪能しましょう。

ドット柄スカーフ

カジュアルでスタイリッシュな
印象にしたいときに便利

カジュアルでスタイリッシュな雰囲気が手軽
に作れるドット柄。ドットの大きさや配色で印
象ががらりと変わるので、ファッションに合わ
せてお好みの一枚をチョイスしましょう。
ネイビードット柄スカーフ（スタイリスト私物）

馬具柄スカーフ

まず手にしたい定番の馬具柄は
こだわり抜いて選んで

スカーフの柄といえば、真っ先に思い浮かぶ
のが馬具柄。もともと馬具メーカーだったエ
ルメスが、馬具柄モチーフのスカーフを手が
けたことから、いまでは定番柄となりました。
馬具柄スカーフ（スタイリスト私物）

フラワー柄スカーフ

エレガントな大花、可憐な小花
イメージに合わせてセレクトを

華やかでフェミニンな柄の代表ともいう
べきフラワー柄。大ぶりの花はエレガント
に、小花は可憐に、描かれた花の種類に
よって印象は大きく異なります。地色との
マッチングもポイント。
ピンクフラワー柄スカーフ 14,300円（マニプリ）

ペイズリー柄スカーフ

**カジュアルな絵柄を
上質素材で格上げして**

バンダナの定番柄でもあるペイズ
リー柄は、カジュアルな雰囲気を保
ちつつ、シルクの上質素材がクラス
感をアップしてくれます。

ペイズリー柄スカーフ（スタイリスト私物）

幾何学模様柄スカーフ

**甘さを抑えつつ、インパクト大
印象を決定づける配色選びがカギ**

インパクトのある幾何学模様は、小さめサ
イズを選んでも存在感抜群に仕上がりま
す。また、クールな印象なので、甘さや華美
さを抑えたいときにも重宝。印象を左右す
る配色選びがカギ。

幾何学柄スカーフ 16,500円（マクール／マクール
ジャパン）

かぶるだけの
簡単スカーフ

スカーフが筒状に縫い合
わされており、スヌードの
ように頭からかぶるだけ
で簡単にニュアンスのあ
るスタイルが完成。

バイブリフラワースヌードスカー
フ 26,400円（マッキントッシュ
ロンドン／SANYO SHOKAI
カスタマーサポート）

不器用さんに
おすすめの
スカーフホルダー

不器用な人でも、スカーフ
を通すだけで簡単に結び
方が決まるスカーフリング
が使いやすい！

スカーフリング （上から）サーク
ル 1,980円、楕円 550円、立体
1,980円　イエロー×ブルース
カーフ 16,500円（すべてマクー
ル／マクール ジャパン）

使ったのはこのスカーフ ▶	
item	ペイズリー柄スカーフ
size	**65×65cm**
material	**シルク100%**

上質素材のペイズリー柄がクラス感アップ

鮮やかなイエローカラーが印象的な正
方形スカーフは、ペイズリープリントが
カジュアルテイスト。でも、100%シル
クの上質素材なので大人のクラス感
も演出してくれます。

巻き方

1

スカーフをバイアス折り（62ペー
ジ参照）にし、首にかける。この
とき、左側をやや長くしておく。

2

やや長くした左側を上に、右側
を下にして胸の前で交差し、上
にある左側の端を下から上にく
ぐらせる。

3

形を整える。

クロスしてくぐらせる
だけで主役級に

ひと結び

スカーフを首にかけ、交
差させくぐらせて前に出
すだけの簡単結び。ス
カーフの面がフラットに
出るので、明るい色や柄
を選べば首元がぐっと
華やかに。

スカーフ 14,300円（マニプリ）　プ
ルオーバー 19,800円（マイカ アンド
ディール／マイカ アンド ディール 恵
比寿店）　デニムパンツ 16,500円
（ニードバイヘリテージ／ゲストリスト）
ピアス（スタイリスト私物）

基本の結び方

基本は80〜100cm四方の
四角い布ですが、その結び方は無限大。
シンプルな洋服がぐっと華やかに
あか抜けるさまざまな
結び方を紹介します。

スカーフ 10,450円（ヒューマン ウーマン）　デニムジャケット 35,200円（トラディショナルウェザーウェア／トラディショナルウェザーウェア ルミネ有楽町店）　ピアス（スタイリスト私物）

ミニマルでおしゃれな
シンプル結び

固結び

首の前できゅっと結ぶシンプルな固結び。コンパクトにまとまるので、どんなファッションにも合わせやすく、スタイルアップしてくれます。

使ったのはこのスカーフ ▶	
item	グリーンストライプスカーフ
size	**72×72cm**
material	**シルク100%**

鮮やかカラーの組み合わせがクール

グリーン×ブルー×ブラウンの鮮やかなカラーがクリーンな正方形スカーフ。手描き風のグラフィックでやわらかな味わいもプラス。大人っぽさを狙うなら、小さめサイズを選ぶのが正解です。

巻き方

1

スカーフをバイアス折り（62ページ参照）にし、首にかける。

2

首の前で固結びにする。

スカーフ 27,500円（マクール
／マクール ジャパン） ニット
30,800 円（マッキントッシュ
ロンドン／SANYO SHOKAI
カスタマーサポート） デニム
パンツ 16,500円（ニードバ
イヘリテージ／ゲストリスト）
シューズ、ブレスレット（ともに
スタイリスト私物）

簡単＆華やかな
片リボン結び

ハーフリボン結び

リボン結びを片方だけ
作るハーフリボン結び。
リボンがひとつなので、
結び方が簡単なうえ、大
人にとっては甘くなりす
ぎず、ほどよくフェミニン
に仕上がります。

item	フラワー×チェック柄スカーフ
size	**100×100cm**
material	**シルク100%**

多彩な柄ながらトーンはシックに

チェック×ゼブラ柄×フラワーモチーフが
組み合わさった正方形スカーフは、華や
かさもありながら、落ち着いた色味でトー
ンダウン。プレーンな黒カットソーに合わ
せるだけで豪華に。

巻き方

1

スカーフをバイア
ス折り（62ペー
ジ参照）にし、首
にかける。このと
き、左側をやや
長めにしておく。

2

右側を上に、左側
を下にして胸の
前でクロスし、上
にある右側の端
を輪っかの下から
上にくぐらせる。

3

下にあるスカーフ
を輪っかにする。

4

上のスカーフで
下のスカーフを
ひと巻きし、結び
目にひと巻きし
たスカーフを通し
て片リボン結び
にする。

甘さを抑えるデザインと
カラーが正解

リボン結び

リボン結びは甘くなり
すぎないようブラウン×
ネイビーのチェック柄で
締めて。ノーカラージャ
ケットとデニムパンツで
アーバンなスタイルに。

スカーフ 23,100 円 ジャ
ケット 75,900円（ともに
マッキントッシュ ロンドン／
SANYO SHOKAI カスタ
マーサポート） カットソー
17,600円（ティッカ） デニ
ムパンツ 27,500円（アッ
パーハイツ ゲストリスト）

item	ブラウンボウタイスカーフ
size	**170×35cm**
material	**シルク100%**

ほどよくクールなマニッシュスカーフ

ブラウンとネイビーのチェック柄デザインがカジュアルでクールな印象。長方形で、端が剣先になっているので、リボン結びがしやすいです。大人の女性を演出するのにぴったり。

巻き方

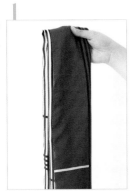

スカーフを縦に三つ折りにする。

スカーフを肩にかける。このとき、右側をやや長めにしておく。

右側を上に、左側を下にして胸の前で交差し、上にあるスカーフを輪っかの下から上にくぐらせる。

首の前でリボン結びにする。

スカーフ 27,500円（マクール／マクール ジャパン） シャツ 42,900円（フィナモレ／アマン） デニムパンツ（モデル私物） ピアス、ブレスレット（ともにスタイリスト私物）

揺れ感を意識して
ネクタイをラフに

ネクタイ結び

ネクタイの結び方ですが、エレガントな柄と質感のスカーフを使うことでフェミニンな印象に。きっちり結ばず、ラフなニュアンスを見せて。

item	ペイズリー×フラワー柄スカーフ
size	100×100cm
material	シルク100%

ソフトな質感のエレガント柄

ペイズリーやフラワーなどのモチーフ
が描かれたエレガントな正方形スカー
フですが、白シャツにワイドサイズの
タックデニムパンツを合わせることで、
若々しさをキープ。

巻き方

1

スカーフを細め
のバイアス折り
（62ページ参
照）にし、首にか
ける。このとき、
右側をやや長め
にしておく。

2

右側を上に、左
側を下にして胸
の前で交差し、
上にあるスカー
フを下にあるス
カーフに1周巻
きつける。

3

巻きつけたス
カーフを輪っか
の下から上にくぐ
らせる。

4

引き出したスカー
フをネクタイの
要領で結び目に
通す。

ネックレス代わりに
なるツイスト巻き

シンプルツイスト

スカーフを首にかけ、両端
をそれぞれの手に持ち、ぐ
るぐるねじりながら首に1
周巻いたら固結びにするだ
け。ねじりが独特のニュア
ンスを生みます。

スカーフ 20,900円　ワン
ピース 66,000円（ともに
マッキントッシュ ロンドン／
SANYO SHOKAI カスタ
マーサポート）　Tシャツ（スタ
イリスト私物）

使ったのはこのスカーフ ▶

item	レオパード柄ダイヤスカーフ
size	**138×45cm**
material	**シルク100%**

シックなレオパード柄がポイント

ひし形のレオパード柄スカーフ。派手なイメージのレオパード柄ですが、グレートーンなので、シック＆上品に仕上がります。ちょっと首元がさみしいときにプラスすればぐっとこなれ感が。

巻き方

1

スカーフをぐるぐるねじる。

2

ねじったスカーフを首にかける。首の前で交差させ、ねじりながらうしろにまわす。

3

うしろで交差させ、両端を前にたらす。

4

首の前で固結びにする。

item	ペイズリー柄スカーフ
size	100×100cm
material	シルク100%

インパクト大の色&柄を上質素材で

多色使いで、ペイズリー、フラワー、チェック、レオパードなどさまざまな柄が取り入れられているので、エキゾチックな印象に。でも、シルクの素材感が繊細でエレガント。形は正方形。

巻き方

1

スカーフを三角形になるように半分に折る。両端を持ち、スカーフをややたわませながら前から巻きつける。

2

うしろで交差し、両端を前にたらす。

3

首の前で両端を小さく固結びにする。

ラフなアフガン巻きを
スカーフでも

アフガン結び

ストールの章でも紹介し
たカジュアルなアフガン
巻き（88～89ページ参
照）をスカーフに取り入
れると、一気にエレガン
トに。インパクト柄でも
はまります。

スカーフ 27,500円（マクー
ル／マクール ジャパン）ニッ
ト 40,700円（スカリオーネ
／トレメッツォ）デニムパン
ツ 23,100円（レッドカード
トーキョー／ゲストリスト）
ピアス（スタイリスト私物）

ちょこんと結んだ
両端がかわいい

セーラー結び

スカーフを三角形に半
分に折り、首にかけて
前でちょこんと端を固
結びにするだけのセー
ラー結び。コンパクトで
かわいいイメージに仕
上がります。

スカーフ 14,300円(マニプ
リ) スウェット 12,100円(ハ
ウント／ハウント代官山／ゲ
ストリスト) パンツ 31,900
円(マッキントッシュ／マッキン
トッシュギンザシックス店) ブ
レスレット(スタイリスト私物)

使ったのはこのスカーフ ▶

item	ブルー柄スカーフ
size	**65×65cm**
material	**シルク100%**

落ち着いたブルーカラーが大人顔

甘く子どもっぽい印象になりやすいセーラー結びには、ブルー×ホワイトのシンプルなカラーを選んで。形は正方形で、サイズはやや小さめ。ネイビーのスウェットと白パンツですっきり大人顔に。

巻き方

1

スカーフを三角形になるように半分に折り、肩にかける。

2

胸の前で両端を小さく固結びにする。

スカーフ 9,900円　ブル
オーバー 14,300円（ともに
ヒューマン ウーマン）　パン
ツ 20,900円（ティッカ）
ピアス（スタイリスト私物）

胸元のドレープが
フェミニンに

トライアングル
ループノット

三角形に折ったスカーフ
を肩にかけ、両端を合わ
せてひとつ結びにするだ
け。結び目を片方の肩に
ずらせば、フェミニンな
表情に仕上がります。

使ったのはこのスカーフ ▶

item	ドット柄スカーフ
size	70×70cm
material	シルク100%

ストイックな柄とカラーが素敵

ドットとラインのコンビネーションがコンサバティブな雰囲気を醸している正方形スカーフ。メンズライクなコーディネイトに合わせることで、胸元をフェミニンに彩ってくれます。

巻き方

1

スカーフを三角形になるように半分に折り、肩にかける。

2

左側に結び目を作る。

3

右側の端を左の結び目に上から通す。

4

結び目を左肩にスライドし、バランスを見ながら全体の形を調節する。

ベーシックな結び方で
シャツを格上げ
シンプルノット

首にかけたスカーフを
片方の先端を少し残し
てノット＝結び目を作
り、もう片方の端を結び
目に通すだけ。両端を
シャツの中にインしてボ
リューム調節を。

スカーフ 16,500円 （マクール
／マクール ジャパン） シャツ
36,300円（マッキントッシュ ロ
ンドン SANYO SHOKAI カ
スタマーサポート） チノパンツ
25,300円（トラディショナルウェ
ザーウェア／トラディショナルウェ
ザーウェア ルミネ有楽町店）
ピアス（スタイリスト私物）

item	イエローフラワー柄スカーフ
size	**65×65cm**
material	**シルク100%**

使ったのはこのスカーフ ▶

イエローの小花柄が可憐

ブルーのストライプシャツ&ベージュの
チノパンというメンズスタイルに、フェミ
ニンさをプラスしてくれるフラワー柄の
正方形スカーフ。スカーフの分量をミニ
マムにすることでスパイスを。

巻き方

1
スカーフを細めのバイアス折り
（62ページ参照）にして首に
かけ、右側に結び目を作る。

2
左側の端を右の結び目に上か
ら通す。

3
バランスを見ながら形を整え、
両端をシャツの中に入れる。

シンプルバッグに
オリジナリティをプラス

ハンドルリボン結び

バッグのハンドルの端にタイ形スカー
フをリボン結びにします。いつも使っ
ているバッグでも、イメージが劇的
チェンジしますよ。

使ったのはこのスカーフ ▲	
item	モノトーンスカーフ
size	**130×5cm**
material	**シルク**

きつねのイラストがキュート

実はきつねのイラストがプリント
された遊び心のある一枚。タイ
形なので、結びやすさも抜群で
す。ハーフリボン結び（70〜71
ページ参照）にしてラフさを出し
てもいいでしょう。

スカーフ 9,900円（マニプリ） かごバッグ（スタ
イリスト私物）

アレンジ
アイデア7

華やかなスカーフは、
バッグに巻いたり、
ヘッドアクセサリーにしたりと、
アレンジが利くのもうれしい。
さまざまな使い方をご提案！

ハンドバッグに華やぎをオンして

ハンドルぐるぐる巻き

ハンドバッグのハンドルにスカーフを
ぐるぐる巻きつけたアレンジ。使い
慣れたハンドバッグが一気に華やか
さを増します。

使ったのはこのスカーフ ▼

item	剣先スカーフ
size	**130×20cm**
material	**シルク**

さわやかカラー&タッセル柄

ブルー×グリーンのさわやかなタッ
セル柄スカーフ。タイ形で、やや
幅があるので、巻きやすい。ス
カーフを変えれば、毎日違うバッ
グが楽しめます。

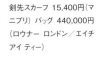

剣先スカーフ 15,400円(マ
ニプリ) バッグ 440,000円
(ロウナー ロンドン／エイチ
アイ ティー)

結び方

1

細くたたんだスカーフの
端をバッグのハンドルに
結びつける。

2

そのままハンドルにス
カーフを巻きつける。

3

ハンドルの反対側まで
到達したら、端を結びつ
ける。

ワンランク上のおしゃれ上級者に

**ヘッドアクセサリー
アレンジ ❶**

海賊風巻き

難易度が高いと思いがちな海賊風巻きは、抑えめのカラー&柄を選べばしっくりなじみます。ボブやロングの人もぜひチャレンジしてみて。

使ったのはこのスカーフ　▼

item	フラワー柄スカーフ
size	**88×88cm**
material	**シルク100%**

落ち着いた印象にまとまる花柄

ホワイト地にレッドとブルーのフラワーが描かれた正方形スカーフ。華やかな柄ですがタッチが繊細なので、女性らしく落ち着いた印象にまとまります。

スカーフ 19,800円
（マニプリ）　デニムシャツ 39,600円（アッパーハイツ／ゲストリスト）

巻き方

1

2

3

Back Style

スカーフを三角形になるように半分に折り、長辺をおでこに当てる。このとき、長辺を少し折り返してくしゃっとニュアンスを出す。

スカーフの端をそれぞれの手で持ち、後頭部で交差する。

交差した両端をおでこに持ってきて、おでこの上で固結びにする。

スカーフ（スタイリスト私物）　Tシャツ
19,800円（セミクチュール／アノア）

簡単に雰囲気が出せる

ヘッドアクセサリーアレンジ❷

カチューシャ風巻き

シンプルなファッションのときに試したいのが、カチューシャ風巻き。やわらかい素材を使うと巻きやすい。

使ったのはこのスカーフ ▶

item	ホース柄スカーフ
size	160×42cm
material	シルク100%

ホースシルエットのひし形スカーフ
馬具柄ならぬ競走馬のシルエットがプリントされたユニーク柄のスカーフ。ひし形が使いやすくおすすめです。

使ったのはこのスカーフ ◀

item	フラワー柄イエローパイピングスカーフ
size	64×64cm
material	シルク100%

極薄生地で巻きやすさも◎
大ぶりのフラワー柄ですが、黒1色なのでシック。イエローのパイピングとブルーのラインがエッジィな味つけに。

巻き方

髪の上部を取り、後頭部でハーフアップにする。スカーフを細くたたみ、ねじりながら頭に当てる。

髪を結んだゴム部分でスカーフを結ぶ。

スカーフをリボン結びにする。

スカーフ、ピアス（ともにスタイリスト私物）　ワンピース 35,200円（ティッカ）

大人におすすめのヘアアクセテク

ヘッドアクセサリーアレンジ❸

ハーフリボン結び

リボンより大人っぽくやさしい印象を作ってくれるスカーフのロングヘアアレンジ。すべり落ちないテクを公開！

結び方

スカーフを細くたたみ、ヘアゴムをスカーフの中央に通す。

髪を後頭部でひとつ結びにする。①でスカーフに通したヘアゴムをポニーテールに通す。

髪の結び目にスカーフを1〜2周巻きつけてから、両端をハーフリボン結び（36〜37ページ参照）にする。

いつもの装いがガラッとチェンジ

アクセサリーアレンジ ❶
ベルト風結び

スカーフをベルト使いするアレンジにチャレンジ。ねじりながら細いタイ状にし、ボトムのベルトに通して結ぶだけと簡単なのに、印象がガラリと変わります。

使ったのはこのスカーフ ▲	
item	フラワー柄スカーフ
size	**100×100cm**
material	**シルク100%**

イエロー地に小花が満開

デニムをエレガントにイメージチェンジしてくれるのは、イエロー×オレンジベースに小花を散らした華やかな一枚。

結び方

1 スカーフを細めのバイアス折り（62ページ参照）にし、しっかりとねじる。

2 ねじったスカーフをボトムスのベルトループに通す。

3 腰の右側でスカーフを固結びにする。

スカーフ 27,500円（マクール／マクール ジャパン） ベスト 17,600円（ヒューマンウーマン） Tシャツ 19,800円（セミクチュール／アノア） デニムパンツ 16,500円（ニードバイヘリテージ／ゲストリスト） メガネ（スタイリスト私物）

ドラマチックな手元を作る

アクセサリーアレンジ❷
バングル風結び

スカーフを手首に巻きつけるだけで、ブレスレットやバングル代わりのアクセサリーに。クラシカルでレディな気分になれる大人のスカーフテクニックです。

使ったのはこのスカーフ ▲	
item	ブラウン馬具柄スカーフ
size	**65×65cm**
material	**シルク100%**

ブラウン&馬具柄が大人っぽい

ブラウンカラーの馬具柄がクラシカルで大人っぽいシルクスカーフ。選ぶ柄によって印象がガラリと変わります。

スカーフ 14,300円（マニプリ） ワンピース 64,900円（カシミカ） ジャケット 79,200円（マッキントッシュ ロンドン／SANYO SHOKAI カスタマーサービス） リング（スタイリスト私物）

結び方

1 細くたたんだスカーフの中央を手首に当てる。

2 手首の太さに合わせてスカーフを巻きつける。

3 手首側で両端を固結びにし、結び目が手の甲側にくるように半分まわす。

服装別スカーフの合わせ方

それ一枚で完成された美しさと世界観を持ち、洋服に合わせることで
コーディネイトを格上げしてくれるスカーフ。まずは、シャツ&スカートやTシャツ&デニムといった
いつものスタイルに合わせることから始めてみましょう。

ブラックコーデ

多色使いの
派手柄スカーフには
オールブラック
コーデの出番！

シャツスタイル

白シャツや
ストライプシャツに
合わせたいのは
華やかスカーフ

本書では
こんなスタイルがおすすめ
146-147ページ
▼

本書では
こんなスタイルがおすすめ
132-133ページ
▼

シャツ&ロングスカートは永遠の定番コーデ
ですが、地味コーデにならないようスカーフで
アクセントを。鮮やかなイエローカラーの柄ス
カーフを首元できゅっと結ぶだけで、あっとい
う間に"きれいなお姉さん"が完成！

黒のトップスに黒のボトムスというオールブ
ラックコーデのときにこそ、スカーフの出番で
す！ 132〜133ページのような色使いも柄合
わせも華美なスカーフでも、ブラックコーデな
らワンポイントのおしゃれが際立ちます。

Tシャツスタイル

いつものTシャツをマニッシュ柄
スカーフで格上げ

本書では
こんなスタイルがおすすめ
144-145ページ
▼

Tシャツ＆デニムが学生のア
メカジ風になってしまうとい
う人は、ぜひスカーフを取り
入れてみてください。トライ
アングルループノットならス
カーフが見える面積も大き
いので、大人のカジュアルス
タイルが手軽に作れます。

本書では
こんなスタイルがおすすめ
138-139ページ
▼

ワンピースコーデ

首元にスカーフを巻いて
仕上げのアクセサリー
代わりに

変化をつけづらいワンピースにアクセントを加えるの
も、スカーフならお手のもの。首の前でちょこんと小
さく結ぶシンプルツイストなら、ワンピースのデザイン
にも影響しません。色選びや柄選びも楽しい。

衣装の問い合わせ先

アッシュ・ペー・フランス　https://www.hpfrance.com

アテニア　📠0120-165-333

アノア　☎03-3408-6690

アマン　☎03-6805-0527

アレクサンドル ドゥ パリ GINZA SIX店　☎03-6264-5442

エイチ アイ ティー　☎011-802-8775

カシミカ　mika@cashmika.com

ゲストリスト　☎03-6869-6670

SANYO SHOKAI カスタマーサポート　📠0120-340-460

シードコーポレーション　☎054-282-2112

ティースクエア プレスルーム　☎03-5770-7068

ティッカ　https://ticca.jp/

チェルキ　☎03-6418-6779　https://cerchi.thebase.in/

トラディショナルウェザーウェア ルミネ有楽町店　☎03-6810-0388

トレメッツォ　☎03-5464-1158

ハウント代官山　☎03-5728-8797

ヒューマン ウーマン　☎03-6748-0350

ビーチ　☎03-5411-2288

BRITISH MADE 銀座店　☎03-6263-9955

マイカ アンド ディール 恵比寿店　☎03-6455-0927

マッキントッシュ ギンザシックス店　☎03-6264-5994

八木通商　☎03-6809-2113

BRAND LIST

＊本書に掲載している商品はすべて税込み価格です。
＊商品の情報は2023年7月31日時点のものです。商品の仕様や価格に変更が
ある場合がありますが、ご容赦ください。また、完売、欠品の場合についてもご容赦ください。

マフラー、ストール、スカーフの問い合わせ先

アイネックス　☎03-5728-1190

アッシュ・ペー・フランス　https://www.hpfrance.com

アノア　☎03-3408-6690

アマン　☎03-6805-0527

エスケーパーズオンライン　☎03-5464-9945

カシミカ　mika@cashmika.com

SANYO SHOKAI カスタマーサポート　📠0120-340-460

ティースクエア プレスルーム　☎03-5770-7068

チェルキ　☎03-6418-6779　https://cerchi.thebase.in/

トラディショナルウェザーウェア ルミネ有楽町店　☎03-6810-0388

ノウン　☎03-5464-0338

ヒューマン ウーマン　☎03-6748-0350

BRITISH MADE 銀座店　☎03-6263-9955

マクール ジャパン　☎03-6869-2673

マッキントッシュ ギンザシックス店　☎03-6264-5994

マニプリ　https://manipuri.jp/

渡辺産業プレスルーム　☎03-5466-3446

PHOTO INDEX

························· マフラー ·························

024-025
フロントノット

022-023
ミラノ巻き

020-021
シンプルノット

018-019
ワンループ

016-017
1周巻き

034-035
ウェンディ巻き

032-033
アスコット巻き

030-031
ダブルクロス

028-029
ニューヨーク巻き

026-027
クロス結び

044-045
大判マフラー
ジャケット＋大判マフラー

042-043
かぎ結び

040-041
バック巻き

038-039
ポット巻き

036-037
ハーフリボン巻き

054-055
スヌード

052-053
極太ニットマフラー
半周巻き

050-051
ダウンマフラー
ループ巻き

048-049
フリンジマフラー②
1周巻き

046-047
フリンジマフラー①
1周巻き

························· ストール ·························

078-079
クロスツイスト

076-077
8の字巻き

074-075
エディター巻き

072-073
シンプルノット

070-071
ハーフリボン結び

090-091	088-089	086-087	084-085	082-083	080-081
ミラノ巻き	アフガン巻き	ワンループ	バタフライ巻き	三角巻き	ドレープがけ

102-103	100-101	098-099	096-097	094-095	092-093
ベルト留めアウター風	ショール風	マント風	ジレ風	ツイスト固結び	1周巻き

112-113	110-111	108-109	106-107		104-105
デザインストール③	デザインストール②	デザインストール①	ブローチ留め		
スエード調ストール	三角ストール	エコファー	エディター巻き		スカート風アレンジ

······· スカーフ ·······

138-139	136-137	134-135	132-133	130-131	128-129
シンプルツイスト	ネクタイ結び	リボン結び	ハーフリボン結び	固結び	ひと結び

149	148	146-147	144-145	142-143	140-141
バッグアレンジ②	バッグアレンジ①		トライアングル		
ハンドルぐるぐる巻き	ハンドルリボン結び	シンプルノット	ループノット	セーラー結び	アフガン結び

153	152	151	151	150
アクセサリーアレンジ②	アクセサリーアレンジ①	ヘッドアクセサリーアレンジ③	ヘッドアクセサリーアレンジ②	ヘッドアクセサリーアレンジ①
バングル風結び	ベルト風結び	ハーフリボン結び	カチューシャ風巻き	海賊風巻き

監修・スタイリング

若狭惠美（わかさ・えみ）

スタイリスト。愛知県出身。女性誌を中心に、広告やカタログ、タレントのスタイ
リングなどで幅広く活躍中。シンプル＆カジュアルななかにトレンドとスパイスを
利かせたスタイリングに定評がある一方で、クラス感のあるエレガントなスタイリ
ングや、ゴルフウェアなどのスポーツカジュアルも多数手がける。また、自身のデ
イリーファッションを紹介するInstagramのほか、40代・50代のファッションの
お悩みを解決するYouTubeチャンネル「ワカサchannel」も大人気。

ブログ　http://www.emi-wakasa.com
YouTube　@wakasachannel　Instagram　@wakasa422

STAFF

構成・編集・文	北村祐子［ART NEXT］
デザイン	store inc.
撮影	Junko Yokoyama［Lorimer］
ヘア＆メイク	藤本 希［ハガツサ］
モデル	松永ちさと
	inori
	森本奈緒
イラスト	Qoonana
スタイリストアシスタント	村上桃香
校正	株式会社ヴェリタ
企画・編集	尾形和華［成美堂出版編集部］

マフラー、ストール、スカーフ巻き方アイデアBOOK

監　修　若狭惠美（わかさえみ）

発行者　深見公子

発行所　成美堂出版
　　　　〒162-8445　東京都新宿区新小川町1-7
　　　　電話(03)5206-8151　FAX(03)5206-8159

印　刷　大日本印刷株式会社